FORSCHUNGSBERICHT DES LANDES NORDRHEIN-WESTFALEN

Nr. 2939 / Fachgruppe Geisteswissenschaften

Herausgegeben vom Minister für Wissenschaft und Forschung

Dipl.-Inf. Jan Brustkern
Prof. Dr. phil. Winfried Lenders
Dr. phil. Gerd Willée

Institut für Kommunikationsforschung
und Phonetik der Universität Bonn
Abteilung Linguistische Datenverarbeitung

Handbuch der Programmbibliothek zur linguistischen und philologischen Textverarbeitung

Westdeutscher Verlag 1981

CIP-Kurztitelaufnahme der Deutschen Bibliothek

Brustkern, Jan:
Handbuch der Programmbibliothek zur linguistischen und philologischen Textverarbeitung / Jan Brustkern ; Winfried Lenders ; Gerd Willée. - Opladen : Westdeutscher Verlag, 1981.

(Forschungsberichte des Landes Nordrhein-Westfalen ; Nr. 2939 : Fachgruppe Geisteswiss.)
ISBN 978-3-531-02939-9 ISBN 978-3-322-88194-6 (eBook)
DOI 10.1007/978-3-322-88194-6

NE: Lenders, Winfried:; Willée, Gerd:; Nordrhein-Westfalen: Forschungsberichte des Landes ...

Gesamtherstellung: Westdeutscher Verlag

ISBN 978-3-531-02939-9

Inhalt

0. Einleitung

Vom 1.3.1977 bis zum 31.12.1979 wurde am Institut für Kommunikationsforschung und Phonetik der Universität Bonn (IKP) unter der Leitung von W. Lenders ein Forschungsvorhaben mit dem Titel "Fortentwicklung einer Programmbibliothek zur linguistischen und philologischen Textverarbeitung und deren Anwendung" durchgeführt. Dieses Vorhaben wurde vom Minister für Wissenschaft und Forschung des Landes NRW finanziert. Aufgabe des Projekts war es, eine benutzerfreundliche Programmbibliothek zur Textverarbeitung zusammenzustellen, die am Regionalen Hochschul-Rechenzentrum (RHRZ) der Universität Bonn zugänglich sein soll.
Bereits während der Projektlaufzeit gab es eine Reihe Anwender aus dem Bereich der Philosophischen Fakultät der Universität Bonn, namentlich aus dem Romanistischen Seminar, dem Mittellateinischen Seminar und dem Indologischen Seminar, sowie externe Anwendungen (Institut für deutsche Sprache, Forschungsstelle Bonn, Kernforschungsanlage Jülich). Über die letztgenannten Anwendungen sind inzwischen Veröffentlichungen erschienen (Krause/Willee 1981; Breuer/ Brustkern/Thyssen/Willee 1981).
Bei den Anwendungen zeigte es sich, daß die Programme und Prozeduren genügend benutzerfreundlich konzipiert waren, um nach kurzer Einarbeitungszeit ein effektives Arbeiten mit ihnen zu ermöglichen.
Die ebenfalls in die Programmbibliothek aufgenommenen Demonstrationsprogramme konnten mehrfach erfolgreich in der Lehre, sowie bei Demonstrationen für Besucher des IKP eingesetzt werden. Soweit Programme nicht dem Copyright unterliegen, werden sie an interessierte wissenschaftliche Institute weitergegeben.

Während der Laufzeit des Projekts waren mit der Durchführung der Arbeiten folgende Mitarbeiter beschäftigt:

1.03.77	- 31.12.79	Dr. Gerd Willee (wiss. Angestellter)
1.03.77	- 31.12.79	Dipl.Inform. Jan Brustkern (wiss. Hilfskraft)
1.03.77	- 31.12.77	Christine Geißler (stud. Hilfskraft)
1.01.78	- 31.12.79	Thomas Herrmann (stud. Hilfskraft)
1.10.77	- 31.12.77	Susanne Schlechtriem (stud. Hilfskraft)
1.10.77	- 30.09.79	Klaus Wilbois (stud. Hilfskraft)
1.10.79	- 31.12.79	Gisela Melenk (stud. Hilfskraft)

Die Ergebnisse der Projektarbeit sind in dem vorliegenden Handbuch der Programmbibliothek zur linguistischen und philologischen Textverarbeitung dokumentiert. Das Handbuch gliedert sich in zwei Teile: Der erste, einleitende Teil enthält einen Bericht über den Verlauf des Vorhabens, in welchem auch auf einige Anwendungen eingegangen wird. Der zweite Teil bietet die Dokumentation der Programme, so, wie diese am IKP und am RHRZ der Universität Bonn für den Benutzer zugänglich sind, zusammen mit einem Abschnitt über beispielhafte Anwendungen der Programmbibliothek.

1. Arbeitsbericht über den Verlauf des Vorhabens

1.1 Aufgabenstellung

In den Jahren bis ca. 1973 wurde am IKP im Rahmen verschiedener Forschungsprojekte, die u.a. durch die DFG gefördert worden sind, eine Programmbibliothek hergestellt, mit deren Hilfe eine größere Zahl von grundlegenden Operationen der maschinellen Textverarbeitung durchgeführt werden kann (vgl. Krallmann u.a. 1970). In der letzten Phase dieser Arbeiten, vor allem aber aufgrund wissenschaftlicher Forschungen seit 1973, hat sich gezeigt, daß zu einer tiefgreifenden maschinell unterstützten Bearbeitung natürlich- sprachlicher Texte sehr viel komplexere Analysehilfen bereitgestellt werden müßten, als es die bis dahin vorhandenen einfachen Programmsysteme waren. Als komplexe Analyseverfahren sind z.B. automatische Lemmatisierungssysteme etc. zu nennen (1). Die Forschung in der LDV und in der Linguistik hat seitdem ergeben, daß noch auf lange Sicht nicht mit voll ausgereiften maschinellen Verfahren zu rechnen ist, die derart komplexe Analyseprozesse übernehmen. Es hat sich demnach als richtig erwiesen, maschinelle Textverarbeitung im Hinblick auf komplexe Problemstellungen im Sinne einer maschinell u n t e r s t ü t z t e n Textverarbeitung aufzufassen.

> "Maschinell unterstützte Textverarbeitung" heißt, daß durch die elektronische Datenverarbeitungsanlage (DVA) vor allem die zahlreichen Informationen bereitgestellt werden, die bei jeder Bearbeitung eines natürlich-sprachlichen Textes dem interpretierenden Bearbeiter zur Verfügung stehen müssen (und die normalerweise vom Bearbeiter z.B. im Wörterbuch nachzuschlagen sind bzw. dem internen sprachlichen Wissen des Bearbeiters entnommen

werden). Die maschinelle Unterstützung kann ferner darin bestehen, daß bereits formalisierte Regelmäßigkeiten der sprachlichen Struktur durch maschinelle Prozeduren erkannt und dem Bearbeiter übermittelt werden. Der menschliche Bearbeiter ist in diesen Prozessen in jedem Fall diejenige Instanz, bei welcher die letzte Entscheidung z.B. in Fällen der Mehrdeutigkeit liegt. In zahlreichen früheren Vorhaben, die z.B. die Lemmatisierung von Wörterbüchern zu natürlich-sprachlichen Texten zum Ziel hatten, wurde bereits auf Vollautomatisierung zugunsten einer einfachen maschinellen Unterstützung verzichtet (2).

In diesen Vorhaben wurden in der Regel auf dem Wege des Batch-Processing immer wieder die Ergebnisse maschineller Bearbeitungsprozesse durch die DVA über Schnelldrucker dem Bearbeiter zur Verfügung gestellt. Bearbeitungsresultate mußten sodann in einem gesonderten Arbeitsschritt der DVA wieder zur Verfügung gestellt und in das ursprüngliche Textmaterial eingegeben werden. Von der ersten Phase einer Textverarbeitung bis zum endgültigen Ergebnis werden auf diese Weise zahlreiche Arbeitsschritte durchlaufen, die in höchstem Maße fehleranfällig sind. Dieses fehleranfällige Prozedieren kann vermieden werden, wenn man sich einer Technik bedient, über die moderne Datenverarbeitungsanlagen verfügen, wenn man nämlich mittels einer Dialogstation in eine unmittelbare Interaktion mit der DVA und mit dem in der DVA verfügbaren Informationsinventar tritt. Bis ca. 1975 standen am IKP für derartige Interaktionsprozesse keine geeigneten Programme zur Verfügung.

Die Aufgabe des Vorhabens, über das hier berichtet wird, bestand darin, wenigstens für einige Analyseprozesse

1. verbesserte batch-processing-Systeme zu entwickeln und als anwendungsbereite Software dem Benutzer zur Verfügung zu stellen;
2. interaktiv operierende Programmsysteme zu entwickeln, die es dem menschlichen Benutzer

gestatten, in unmittelbarer Interaktion mit einer DVA an natürlich-sprachlichen Texten zu arbeiten und die Ergebnisse seiner Bearbeitung in unmittelbarer Interaktion einer DVA einzugeben,

3. die entwickelten und implementierten Programme an Textmaterial zu überprüfen und in Lehre und Forschung einzusetzen.

1.2 Ausgangslage

Zur Bewältigung dieser Aufgaben mußte von einer Situation ausgegangen werden, die sich grob durch die folgenden zwei Gesichtspunkte charakterisieren läßt:

Zum einen lagen am IKP selbst die schon erwähnten Resultate früherer Arbeiten zur Textverarbeitung vor. Es handelte sich dabei um wesentliche Neuentwicklungen, die auch vielfache Anwendung gefunden haben. So wurde z.B. für die Datenerfassung natürlich-sprachlicher Texte ein Standardkode entwickelt, der zur Aufnahme beliebiger Texte auf Datenträger dient(Krallmann/Krumnack/Schnelle 1966). Auf der Grundlage dieses Kodes wurden in diversen Projekten zahlreiche Texte(Kant, mittelhochdeutsche, frühneuhochdeutsche, spanische Texte) in maschinenlesbare Form gebracht (vgl. Lenders /Lutz/Römer 1973, S. 13-38; Berg in Lenders/Wegera (Hg.) in Vorb.) und mit den Mitteln der maschinellen Lexikographie oder der linguistischen Analyse bearbeitet. Für die Aufgaben der lexikographischen, statistischen und linguistischen Analyse wurden neue Verfahren entwickelt, die zu Resultaten führten, welche in zahlreichen Publikationen ihren Niederschlag fanden.

Was die Programmierung dieser Verfahren betrifft, so waren folgende zentrale Anliegen leitend:

Erstens mußte es darum gehen, komplexe Programme in solche Teilprogramme zu zerlegen, durch die relativ abgeschlossene Mindestoperationen im lexikographisch-linguistischen Bereich beschrieben werden können (vgl. dazu Ploetz 1971).

Auf diese Weise entstand eine Programmbibliothek für linguistische Aufgaben (ABPILD), die eine Reihe benutzerfreundlicher beschriebener Standardprogramme enthält (Krallmann 1970).
Zweitens war auf seiten der Programmierung erforderlich, eine besondere Programmsoftware zur benutzerfreundlichen Manipulation nicht-numerischer Daten zu entwickeln, eine Software, die gewisse Basisoperationen ausführt, die in komplexen Verarbeitungsprogrammen (ABPILD) immer wieder vorkommen und deren besonderer Aufbau von den Strukturmerkmalen der jeweils verwendeten Rechenanlagen abhängt. Diese Basissoftware bildete zusammen mit einer Anzahl von Operationen des Basic FORTRAN das nichtnumerische Programmiersystem KOMFOR (KOMpatibles FORtran) (vgl. dazu Krumnack 1972). Aus diesen früheren Arbeiten des Instituts lagen umfangreiche Textkorpora und eine Programmbibliothek für linguistische Aufgaben vor. Beide bedurften nach einer Zeit der Vakanz dringend einer kontinuierlichen Betreuung und Weiterentwicklung. Letztere sollte für die Programmbibliothek durch das hier beschriebene Projekt geleistet werden.
Zum anderen verfügte - ähnlich wie das IKP - nahezu jedes Rechenzentrum, an welchem auch nichtnumerische Arbeiten durchgeführt werden, über eine entsprechende Programmsoftware zur Herstellung von Konkordanzen, Indices, Wortlisten aller Art, statistischen Berechnungen etc. (zur Übersicht vgl. Lenders 1976 a). Alle diese Systeme dienten einer maschinellen Textverarbeitung, die mehr oder weniger als einfache Manipulation maschinenlesbarer Texte zu werten ist. An Verfahren zur v o l l - a u t o m a t i s c h e n k o m p l e x e n Textbeschreibung wurde in Großprojekten gearbeitet, so im Vorhaben "Automatische Lemmatisierung" im SFB 100 der Universität Saarbrücken und im Projekt "LDV" am Institut für Deutsche Sprache, welches syntaktische und semantische Deskriptionsmöglichkeiten für natürlich-sprachliche Texte erkunden wollte (3).

Auch sind zahlreiche Verfahren in den USA entwickelt worden, so so etwa der "Boston Syntactic Compiler". Mit all diesen Systemen sind u.a. die Nachteile verbunden, daß sie

- meist an bestimmte grammatische Theorien anknüpfen,

- nicht für beliebige Texte anwendbar
- nur unzureichend entwickelt und nicht standardmäßig implementierbar sowie
- nicht benutzerfreundlich sind.

Verfahren, die sich der DVAen als Bearbeitungshilfe in einem interaktiven Prozeß bedienen, wobei vorerst auf seiten der DVA Informationen ü b e r Texteinheiten zur Verfügung gestellt werden, derartige Systeme wurden nur in geringfügigen Ansätzen experimentell entwickelt. Ein solches Verfahren ist z.B. in den Projekten "Maschinelle Verarbeitung spätmittelhochdeutscher Texte" konzipiert und in dem Vorhaben "Grammatik des Frühneuhochdeutschen" in Bonn realisiert worden (vgl. Lenders 1971; Lenders/Wegera 1981).

Bei dieser Ausgangslage mußte das vorliegende Projekt einen Weg einschlagen, der über eine Sichtung und Evaluierung der am IKP und an anderen Institutionen vorhandenen und ggf. übernehmbaren Programme zur Neukonzeption und Weiterentwicklung einer Software- Biblicthek führen sollte.

Damit ergab sich für das Vcrhaben die folgende Gliederung in drei sich zeitlich teilweise überlappende Arbeitsphasen:

1) Sichtung und Evaluierung der am IKP vorhandenen Software;
2) Sichtung und Evaluierung von Programmen anderer Instituticnen unter dem Gesichtspunkt, diese ggf. für die Programmbibliothek des IKP verfügbar zu machen;
3) Neukonzeption einer Programmbibliothek zur linguistischen und philologischen Textverarbeitung sowie deren Konsclidierung und die Betreuung der Anwender.

1.3 Sichtung und Bewertung am IKP vorhandener Systeme

Die am IKP vorhandenen Programme und Programmsysteme zur maschinellen Textverarbeitung wurden gesichtet und unter den Bedingungen des am Regionalen Hochschulrechenzentrum (RHRZ) installierten Großrechners (IBM 370/168) ausgetestet.

Im einzelnen wurden das KOMFOR-Basissystem sowie die auf diesem System aufbauenden Programme des ABFILD-Programmsystems (z.B. die Programme BANDA, DIFER, HAEU; vgl. dazu Krallmann u.a. 1970) untersucht. Da diese Programme sämtlich zur Zeit der Rechenanlage IBM 7090 konzipiert worden waren, eines Rechners, der verglichen mit dem Großrechner IBM 370/168 nur sehr begrenzte Möglichkeiten für den Benutzer anbot, was diese Programme z.T. ausgleichen sollten, zeigte es sich, daß die meisten Aufgaben, die diese Programme bearbeiten, unter den neuen Gegebenheiten anders besser, schneller, billiger und komfortabler zu lösen sind. Ferner stand auch die für linguistische Aufgaben gut geeignete Programmiersprache PL/1 zur Verfügung, in der viele Probleme z.B. der Zeichenkettenverarbeitung leicht gelöst werden können. Es standen auch optimal arbeitende Ersatzprogramme aus anderen Instituten bereit, durch welche die Systeme KOMFOR und ABPILD ersetzt werden konnten. Diese - und andere - Gesichtspunkte führten dazu, zwar auf der inhaltlichen Konzeption der vorhandenen Programmbibliothek weiter aufzubauen, die Programme im einzelnen jedoch nicht weiter zu verwenden.

1.4 Sichtung und Evaluierung von Programmen anderer Institutionen

Von vorneherein war beabsichtigt, soweit wie möglich fertige Software in die Programmbibliothek zu übernehmen, um Doppelarbeit bei der Programmentwicklung und -testung zu vermeiden.

Da sich bei Projektbeginn herausstellte, daß die meisten am IKP vorhandenen Programme sich nur noch bedingt oder gar nicht mehr einsetzen ließen (vgl. 1.3.), wurden zunächst mehrere Programme und Prozeduren, die dem Konzept der Programmbibliothek entsprachen, in modifizierter Form vom DFG-Projekt "Grammatik des Frühneuhochdeutschen", das in Zusammenarbeit mit dem IKP durchgeführt wird (Leiter: Prof. W. Besch; Prof. W. Lenders, Prof. H. Moser) übernommen (vgl. Lenders/Wegera 1981).

Im Laufe der Zeit wurden sodann auf der Grundlage enger Kontaktaufnahme Programme folgender Institutionen implementiert:

- Von der Universität Regensburg, Abt. linguistische Informationswissenschaft im Fachbereich Sprach- und Literatur- wissenschaft, das Programmpaket COBAPH (vgl. Hitzenberger/Konrad/Krause/Schneider 1977).
- Vom Institut für Deutsche Sprache (IdS) in Mannheim die Programme PHONOL und STATIS sowie eine dort implementierte Version des Programmpakets COCOA, das vom ATLAS Computer Laboratory in Chilton, England, entwickelt worden ist.
- Vom Institut für Deutsche Sprache (IdS), Forschungsstelle Bonn, das Programm INDEX.
- Von der Universität Heidelberg (Sprachwiss. Seminar, H. Tropf) das Programm AHDTRANSK und (Sprachwiss. Seminar, Dr. P. Hellwig) das Programm PLAIN (vgl. Hellwig 1978).
- Von der Universität Saarbrücken, Sonderforschungsbereich 100 der Operator LESEN des Programmsystems SATAN (weitere Teile von SATAN sollen in Zukunft in Bonn implementiert werden).
- Von der Konrad-Adenauer-Stiftung in St. Augustin (D. Nath) das Textverarbeitungssystem COFTA.
- Von der IBM-Deutschland unter Vermittlung des Rechenzentrums der Universität Münster (Prof. Werner) ein Silbentrennprogramm.

Die genannten Programme wurden hinsichtlich ihrer Effektivität und Implementierbarkeit auf der Bonner Rechenanlage geprüft und in den meisten Fällen in die Programmbibliothek eingefügt. Im Hinblick auf die Frage, ob die am IKP vorhandenen standardisierten Text-Verarbeitungsprogramme durch ein externes System ersetzt werden könnten, wurden insbesondere die Pakete COBAPH und COCOA einer genaueren

Prüfung unterzogen. Aufgrund von Nachteilen des COBAPH-Systems, das für einen weniger komfortablen Rechner konzipiert worden ist als in Bonn vorhanden, fiel die Entscheidung für COCOA. COBAPH steht, wie auch die Heidelberger Textverarbeitungsprogramme (Huckert) nicht in der Programmbibliothek zur Verfügung, kann aber bei Bedarf benutzt werden.

Der Operator LESEN des Saarbrücker SATAN-Systems wurde im Rahmen einer umfassenderen Vereinbarung in Bonn implementiert, deren Ziel es ist, das SATAN-System insgesamt in Bonn als Standardpaket für Syntaxanalyse und syntaxanalysegestützte Lemmatisierung zu implementieren. Da SATAN für eine Anlage des Typs TR 440 programmiert wurde, stellen sich einer Migration auf IBM Schwierigkeiten entgegen. Der Operator LESEN wurde zu Testzwecken bereits umgestellt, wobei sich zeigt,daß eine Umstellung des Gesamtsystems prinzipiell machbar, aber aufwendig sein wird. Das SATAN-system soll nun im Zusammenhang mit der in Saarbrücken notwendigen Migration auf eine Siemens-Anlage zugleich IBM-kompatibel ausgelegt werden, so daß es dann insgesamt in Bonn implementiert werden kann.

Die o.g. Programme konnten von den erwähnten Institutionen kostenlos, aber in der Regel auf der Grundlage von Gegenleistungen übernommen werden. Die Gegenleistungen bestanden in Band-Kopien des LIMAS-Korpus der deutschen Gegenwartssprache (für rein wissenschaftl. Anwendungen), das zu dem am IKP befindlichen LIMAS-Archiv gehört. Kopien dieses Korpus gingen an den SFB 100, Saarbrücken, das IdS, Bonn (zusammen mit dem LIMAS-Totalkorpus), an die Cornell University, Ithaka, N.Y., USA (Prof. R.L. Jones), an das Goethe Institut Müchen (Dr. Ortmann), an das Rechenzentrum der Universität Münster (Dr. Slaby), an den Lehrstuhl für Informatik in Darmstadt (Prof. Lustig), an das IdS Mannheim sowie an das Institut für Germanische Philologie der Universität Kopenhagen (Prof. Hyldgaard-Jensen).

Ferner wurde selbst entwickelte Programmsoftware im Gegenzug ausgetauscht, und zwar das Programm LEMMA, das folgende Institutionen erhielten: IdS Mannheim, IdS Bonn, Konrad-Adenauer- Stiftung.

1.5 Neukonzeption der Programmbibliothek

1.5.1 Benutzerorientierte Grundsätze

Bei der Neukonzeption der IKP-Programmbibliothek zur linguistischen und philologischen Textverarbeitung waren folgende benutzerorientierte Grundsätze zu beachten:

- Die Programmbibliothek soll auch von nicht DV-erfahrenen Benutzern erfolgreich eingesetzt werden können. Das bedeutet, daß etwa die Initiierung und Steuerung der Programme möglichst einfach, d.h. in unserem Fall interaktiv am Bildschirm erfolgen soll.

- Zur Lösung der einzelnen Probleme sollen mehrere Programme bzw. Programmsysteme zur Verfügung stehen, die unterschiedlich aufwendig bzw. ausführlich arbeiten. Denn zum einen kann durch eine einfache Pogrammversion eine rasche Übersicht darüber gewonnen werden, welche Arten von Ergebnisinformation für einen zu untersuchenden Text zu erwarten sind. Zum anderen ist auch davon auszugehen, daß potentielle Benutzer unterschiedlich komplexe Aufgabenstellungen haben; so wird etwa ein Student für eine Examensarbeit, in der er Aspekte des Wortschatzes eines Autors untersuchen will, ein weniger aufwendiges Programm zur Herstellung der Wort-, Rang-, Frequenzlisten oder eines Index benötigten als etwa ein größeres Forschungsprojekt, das Textmengen nach vielfältigen Gesichtspunkten (z.B. lexikographischer und grammatischer Art) zu bearbeiten hat.

- Um dem Benutzer alle Möglichkeiten der Programmbibliothek offenzuhalten, sollen die einzelnen Programme modular miteinander kombinierbar sein; hierzu sind z.B. feste Ein- und Ausgabekonventionen vorauszusetzen.

- Nach Möglichkeit sollen fertig vorliegende Anwenderprogramme implementiert werden.

- Die zu entwickelnde Programmbibliothek soll nicht nur für die Zwecke der Forschung, sondern auch für die der Lehre verwendbar sein.

- Durch Hilfsprogramme soll das interaktive Bearbeiten (Editieren) auch großer Text-Datenmengen (wie sie in der linguistischen und philologischen Datenverarbeitung anfallen) erleichtert werden.

1.5.2 Inhaltliche Grundsätze

Neben diesen benutzerorientierten Grundsätzen waren bei der Neukonzeption der Programmbibliothek verschiedene inhaltliche Grundsätze leitend: Die Programme sollen interaktive Textverarbeitung unterstützen, wobei die maschinellen Prozesse sich auf die Operationen des

- Segmentierens eines Textes in Textelemente, des
- Sortierens der Textelemente in eine vorgegebene Reihenfolgen, des
- Vergleichs und des
- Zählens gleicher Textelemente

zurückführen lassen.
Komplexe Verfahren mit Anwendung syntaktischer Parser sollten ausgeklammert sein. Insgesamt lassen sich hier - inhaltlich gesehen - folgende Typen von Unterstützungsprogrammen unterscheiden:

- Programme zur Steuerung der Eingabe von Texten (OCR-

Aufnahme, Korrekturen, Umkodierung etc.) (4) und der Ausgabe (z.B. Druck von Indices, Wortlisten etc.);

- allgemeine Programme zur Textzerlegung, Sortierung etc. im Batch; Durch diese Batch-Programme werden i.A. die o.g. Grundoperationen ausgeführt. Mit ihnen wird gewissermaßen das Ausgangsmaterial erzeugt, aus welchem sodann etwa Statistiken, Indices und Konkordanzen sowie andere philologisch-linguistische Hilfsmittel abgeleitet werden können. Dabei werden durch das Segmentieren die Weichen für die weitere Bearbeitung gestellt. Denn im Prozeß des Segmentierens werden die linguistischen Einheiten ermittelt, auf die sich jede weitere Bearbeitung stützt. Hierzu wird von der DVA eine Vorinformation ausgenutzt: Aufgrund der Textaufnahme steht für das Segmentieren der Wortzwischenraum als Vorinformation explizit zur Verfügung.

- Spezielle Programme zur Bearbeitung sprachlicher Materialien hinsichtlich besonderer Problemstellungen (z.B. Graphem-Phonem- Transskription).

- Unterstützende Programme zur Vorbereitung interaktiver Textbearbeitung (z.B. Lesen eines Textstückes vom Band auf eine Arbeitsdatei).

- Spezielle interaktiv arbeitende Programme zur Textbeschreibung (z.B. interaktive Lexikonsuche, Lexikonaufbau und Lexikonerweiterung).

Um in einem Text andere, "komplexere" sprachliche Einheiten (z.B. Nominalgruppen) auffinden zu können, müssen entsprechende Kriterien zur Verfügung stehen; diese sind normalerweise nicht explizit in einem Text enthalten (z.B. als Angabe einer Wortklasse oder als Bestimmung einer grammatischen Form). Sie werden bis heute, da vollautomatische Anwenderverfahren hierfür noch nicht zur Verfügung stehen, in einem maschinell unterstützten manuellen Prozeß eingefügt. Dazu ziehen die Bearbeiter ihr eigenes sprachliches

Wissen und maschinenlesbare Wörterbücher zurate: Bei Textsegmenten, die z.B. als syntaktisch oder semantisch mehrdeutig erkannt werden, muß der Bearbeiter eine Entscheidung treffen, bei der er sich nach seinem Verständnis des Kontextes eines Textsegments richtet.
Diese manuelle Bearbeitung erfolgte bisher weitgehend getrennt vom maschinellen Prozeß. Das heißt, daß die Bearbeiter Listen erhielten, die das Ergebnis vorausgehender Batch-Prozesse darstellten und deren Inhalt - nach entsprechender Ergänzung durch den Bearbeiter - wieder in Batch-Prozessen weiterverarbeitet wurden.
Im vorliegenden Projekt sollten für diesen Bearbeitungsprozeß maschinell unterstützte Verfahren auf interaktiver Basis entwickelt und angewendet werden. Damit sollte zugleich dem philologischen Bearbeiter die wesentlich zeitsparendere direkte Interaktion mit der DVA nahegebracht werden.

Auf der Basis dieser benutzerorientierten und inhaltorientierten Grundsätze wurden die in die Programmbibliothek integrierten Programme und Programmsysteme in insgesamt vier Kategorien gegliedert, die im zweiten Teil dieser Dokumentation beschrieben werden.

1.6 Anwendungen

Die Ergebnisse des Projekts wurden in den Forschungsarbeiten des IKP und anderer Institute und Seminare der Philosophischen Fakultät der Universität Bonn verwendet (5). Ferner wurden die entwickelten Programme im Lehrprogramm des Studienschwerpunkts LDV am IKP zur Demonstration und Übung eingesetzt. Darüberhinaus wurden die entwickelten Textverarbeitungsverfahren von Studierenden verwendet, die für Examenszwecke (Staats-, Diplom oder Magisterarbeit, Dissertation) natürlich-sprachliche Texte linguistisch, lexikographisch, philologisch oder statistisch bearbeiten müssen. An Anwendungen für Forschungszwecke sind zunächst die institutsinternen Aufgaben zu nennen. Hierbei handelt es sich im wesentlichen um Arbeiten, die mit der Auswertung und Pflege vorhandener Datenbestände, mit der programmiertechnischen Unterstützung von anderen Projekten und mit der Beratung von Mitarbeitern, Studierenden und Stipendiaten zusammenhängen.

Im Einzelnen kam die Programmbibliothek für folgende Anwendungsfälle zum Einsatz:

- Verfügbarhaltung und Auswertung des KANT-Korpus;
- Verfügbarhaltung und weitere wissenschaftl. Barbeitung des LIMAS-Materials;
- Verfügbarhalten von Lexika und anderen Daten, die am IKP auf Datenträger vorliegen (z.B. Korpus mittelhochdeutscher Texte; Wörterbücher wie Mackensen);
- Untersuchung prosodischer Strukturen in deutschen Verstexten durch einen Humboldt-Stipendiaten (Prof. D. Chisholm).

Ferner wurden Forschungsarbeiten von Benutzern aus dem

Bereich der Philosophischen Fakultät (für die die Abt. LDV am IKP seit langem die Betreuung in Sachen Textverarbeitung wahrnimmt) unterstützt:

- Textaufnahme und Auswertung der POETAE LATINAE (Prof. Schaller, Mittellateinisches Seminar);
- Erstellung eines Lexikons italienischer und französischer Ortsnamen (Prof. Wolf, Romanisches Seminar);
- Frühneuhochdeutsche Flexionsmorphologie (Proff. Besch, Moser, Lenders, Germanistisches Seminar);
- Textaufnahme und Auswertung der Werke von Nikolaus Lenau (Prof. Oeller, Germanistisches Seminar);
- Textaufnahme und Bearbeitung von Mittelhindi-Texten (Prof. Thiel-Horstmann, Indologisches Seminar);
- Auszug und Aufbereitung von Wörterbuchmaterial (Prof. Cox, Volkskundliches Seminar).

Die Beratung und Betreuung erstreckte sich von gemeinsamen Überlegungen, inwieweit ein DV-Einsatz in der speziellen Problemstellung sinnvoll und machbar ist, bis hin zur Bereitstellung von Basisprogrammen und -prozeduren sowie Einweisung und Betreuung von Mitarbeitern an DV-Geräten.
In vielen Fällen wurde erst aufgrund dieser Beratung und Betreuung die Durchführung der betr. Projekte in Angriff genommen.

1.7 Literatur

Berg, Eckhard (1981): Entwicklung eines Kodierungssystems am Beispiel frühneuhochdeutscher Texte. In: Lenders/Wegera.

Breuer, Günther / Brustkern, Jan / Thyssen, Heinz / Willee, Gerd (1981): PHONTEXT - eine PHONOL-Anwendung zur Erzeugung synthetischer deutscher Sprache. In: SDv 3 (1979), S. 10-17 (Tübingen 1981).

Droop, Helmut / Lenders, Winfried / Zeller, Michael (1976): Untersuchungen zur grammatischen Klassifizierung und maschinellen Bearbeitung mittelhochdeutscher Texte. Hamburg 1976 (=Forschungsbericht des IKP 55).

Graser, Helmut / Wegera, Klaus Peter (1978): Zur Erforschung der frühneuhochdeutschen Flexionsmorphologie. In: ZfdPh 97, (1978), S. 74-91.

Hellwig, Peter (1978): PLAIN - Ein Programmsystem zur Sprachbeschreibung und maschinellen Sprachbearbeitung. In: SDv 2 (1978), S. 31-43 (Tübingen 1980).

Hitzenberger, Ludwig / Konrad, Werner / Krause, Jürgen / Schneider, Christel (1977): Das Regensburger Textverarbeitungssystem CCBAPH. In: SDv 1 (1977), S. 30-32 (Tübingen 1979).

Krallmann, Dieter u.a. <Autorenkollektiv> (1970): ABPILD-Programmbibliothek zur linguistischen Datenverarbeitung.
Teil I. Hamburg 1970 (=Forschungsbericht des IKP 23);
Teil II. Hamburg 1970 (=Forschungsbericht des IKP 24).

-- / Krumnack, Tim / Schnelle, Helmut (1966): Kodierungssystem zur Verkartung und maschinellen Verarbeitung beliebiger Texte. In: Forschungsbericht des IKP 66/2. Bonn (Ms.).

Krause, Wolfgang / Willee, Gerd (1981): Lemmatizing German Newspaper Texts by Aid of an Algorithm. Erscheint 1981 in CHum

Krumnack, Tim (1972): Kompatibles Programmieren in FORTRAN. In: Literatur und Datenverarbeitung. Hg.v. Helmut Schanze. Tübingen 1972, S. 157-159.

Lenders, Winfried (1971): Lexikographische Arbeiten zu Texten der älteren deutschen Literatur mit Hilfe von Datenverabeitungsanlagen. In: ZfdPh 90, S. 321-335.

-- (1976a): Halbautomatische Herstellung klassifizierender Indices zu mittelhochdeutschen Texten. In: Droop/Lenders/Zeller, S. 157-159.

-- (1976b): Dokumentation vorhandener Anwendersoftware zur Linguistischen Datenverarbeitung. Unter Mitarbeit von Gabriele Busch. In: SIZSOZ-Expertisen - Ausgewählte Gebiete sozialwissenschaftl. DV-Anwendung. Bd.1. Gesellschaft für Mathematik und Datenverarbeitung Birlinghoven 1976.

-- (1980): Linguistische Datenverarbeitung - Stand der Forschung. In: Deutsche Sprache Heft 3, S. 213-264

-- (1978): Zum Stand der Linguistischen Datenverarbeitung (LDV) am Institut für Kommunikationsforschung und Phonetik (IKP) der Universität Bonn. In: Krallmann, Dieter (Hg.): Kolloquium zur Lage der Linguistischen Datenverarbeitung. Interne Publikation des LDV-Fittings e.V. Essen 1976, S. 1-16.

-- / Lutz, Hans-Dieter / Römer, Ruth (1973): Untersuchungen zur automatichen Indizierung mittelhochdeutscher Texte. 1969. 2. Aufl. Hamburg 1973 (=Forschungsbericht des IKP 16).

-- / Wegera, Klaus Peter (Hg.) (1981): Maschinelle Auswertung sprachhistorischer Quellen unter flexionsmorphologischen Aspekten. Forschungsbericht zur Datenverarbeitung im Forschungsvorhaben Grammatik des Frühneuhochdeutschen am Germanistischen Seminar der Universtät Bonn. Im Druck.

Plötz, Senta (1971): Operationen in der Linguistik. Hamburg 1971 (=Forschungsbericht des IKP 37).

Willee, Gerd (1981): LEMMA - Ein Programmsystem zur automatischen Lemmatisierung deutscher Wortformen. In: SDv 3 (1979), S. 45-60 (Tübingen 1981)

Wothke, Klaus (1980): Computerunterstützte Phonemanalyse. In: Haller, Johann (Hg).: Maschinelle Sprachverarbeitung. Vorträge auf der 10. Jahrestagung der GAL, Mainz, 4.-6. Okt. 1979, Sektion Maschinelle Sprachverarbeitung. Dudweiler 1980, S. 38-56.

Anmerkungen

1 vgl.hierzu z.B. die programmatischen Ausführungen von H. Eggers in Schanze (Hg.) 1971, S. 1 - 7.

2 Beispiel einer maschinengestützten lexikographischen Arbeit, bei der in der geschilderten Weise verfahren wurde, ist etwa der Trakl-Index von W. Klein und H. Zimmermann, 1971.

3 Eine Übersicht über derartige Verfahren findet sich im Rahmen eines Gesamtforschungsberichts in Lenders 1980.

4 In ihrer Anlage folgen diese Programme den entsprechenden Textverarbeitungs- und Korrekturprogrammen, die am Rechenzentrum der Universität Tübingen zur OCR-Aufnahme und Korrektur entwickelt worden sind.

5 Die Mitarbeiter des Projekts "Programmbibliothek" waren in diesen Anwendungen hauptsächlich beratend tätig. Die Arbeiten wurden jeweils vom Anwender selbst ausgeführt.
In vielen Fällen haben sich die Erfahrungen der Anwendung auf die weitere Entwicklung des Projekts sehr positiv ausgewirkt.

2. Dokumentation der Programmbibliothek

2.1 Hinweise für die Benutzung

Die im folgenden beschriebenen Programme sind zum Einsatz in Forschung und Lehre bestimmt, und zwar nicht nur am IKP, sondern auch für Benutzer anderer Institute der Universität Bonn und darüber hinaus.

Sie lassen sich in vier Kategorien einteilen:

a) Demonstrationsprogramme, die als Beispiele in der Lehre eingesetzt werden können.

b) Allgemeine Textverarbeitungsprogramme, die zur Bearbeitung beliebiger Texte herangezogen werden können, da sie unabhängig von der Sprache eines Textes arbeiten,

c) Spezielle Textverarbeitungsprogramme, die für die Arbeit mit bestimmten Textkorpora oder mit Texten in bestimmten Sprachen (z.Z. nur Deutsch) gedacht sind, und

d) Programme und Prozeduren zur Dateibehandlung, die Dienstprogramme des Rechenzentrums ergänzen bzw. im Rahmen von Prozeduren so aufrufen, daß ein Benutzer nur sehr wenige Vorkenntnisse aus dem Bereich der DV benötigt, um mit ihnen zu arbeiten. So sind z.B. Kenntnisse in der JCL (Steuersprache für den Stapelbetrieb) nicht erforderlich, obwohl die meisten Programme im Stapelbetrieb laufen. Diese Service-Programme stellen daher nur

Hilfsmittel dar, mit denen ein Benutzer leichteren Zugang zum Computer erhält, und sind keine eigens zu diesem Zweck entwickelten Programme.

Folgende Programme werden beschrieben:

a) Demonstrationsprogramme:
ANALYSE
PHONOL (Version PHONIAK)
PLAIN
SILBTRN
STATIS (Version STATIAK)
TGT

b) Allgemeine Textverarbeitungsprogramme:
ANDRUCK
ASCII
COCOA
COBAPH
COFTA
HAEUF
INDEX
KOELN
KWIC1
MICROFI
OCR
PORTION
REVERSE
STATIS
TEXTAUF
TEXTZERG
TEXTZERL
TOPAS

c) Spezielle Textverarbeitungsprogramme:

AHDTRANSK
BONNLEX
BROWN
HEINE
INFOTEXT
ISAMKORR
KANT
LEMMA
LEMMAWB
LIMAS
MHD
PHONOL
SILBEN
SLBZIE

d) Prozeduren zur Dateibehandlung (Service-Prcgramme):

ANFANG
CHECK
CTLG
DRUCKNL
DRUCK7
DRUFELD
DSBD
DSDB
ENDE
MOVBB
PDSPRT
PRT
REVIEW
SORT@
SORTD
SPDRUCK
VOMBA
WEEKEND
ZUMBA

----> Die Beschreibungen befinden sich in der Datei 'UPK001.UPK.INFOLIB' als Member unter dem angegebenen Namen. Zu Beginn jeder Sitzung soll die Prozedur 'ANFANG' aufgerufen werden, um die Benutzung des Schirms zu erleichtern.

Sämtliche Programme und Prozeduren der Programmbibliothek sind für den am Regionalen Hochschulrechenzentrum der Universität Bonn installierten Rechner IBM 370/168 unter OS und TSO konzipiert. Als Programmiersprache werden PL/1 (Optimizing Compiler), FORTRAN IV G und SIMULA, sowie in einigen Fällen ASSEMBLER, verwendet. Programme mit Angabe des Autorennamens unterliegen dem Copyright und sind dem IKP lediglich zur eigenen Benutzung überlassen worden. Sie können daher vom IKP nicht an andere Institutionen weitergegeben werden.

Soweit ein Mitarbeiter des Projekts maßgeblich an der Erstellung eines Programms oder einer Prozedur (mit-)beteiligt war, ist sein Name abgekürzt am Ende der Programmbeschreibung zu finden.

J.B. bedeutet Jan Brustkern

T.H. bedeutet Thomas Herrmann

G.W. bedeutet Gerd Willee

2.2 Die Programme im Einzelnen

Die Programmbeschreibungen sind im folgenden zur besseren Übersichtlichkeit alphabetisch sortiert aufgeführt, da diese Publikation auch als Benutzerhandbuch dienen soll. Die Zugehörigkeit der einzelnen Programme zu dem in diesem Abschnitt aufgeführten Gliederungsschema ist durch einen Titel jeweils vermerkt.

2.2.1 AHDTRANSK (Spezielles Textverarbeitungsprogramm)

Version vom 10.Juli 1980 (Membername : AHDTRSK)

Copyright: H.S.TROPF, Nimwegen

Beschreibung: AHD/TRANSK dient zur Behandlung phonologischer Aspekte durch eine Varietäten Grammatik. Bestimmte phonologische Erscheinungen verschiedener Korpora werden in einem Arbeitsgang verglichen und der gegenseitige Bezug solcher Erscheinungen aufgedeckt.

AHD/TRANSK setzt sich aus vier Hauptprogrammen zusammen. Die Reihenfolge der Abarbeitung ist 1) READ, 2) TRANSK, 3) ANALY und VARIET.

1) READ

Durch READ wird ein Eingabetext für die weitere Bearbeitung aufbereitet und eine Graphenstatistik erstellt. Die verschiedenen Korpora müssen sukzessive durch READ bearbeitet werden.

2) TRANSK

Die graphematischen Wörter des aufbereiteten

Eingabetextes werden entsprechend den Transkriptionsregeln phonologisch umgeschrieben; Dies muß sukzessive für alle Korporaa durchgeführt werden.

3) ANALY und VARIET

Die transkribierten Eingabetexte werden unter Verwendung von Varietätenregeln phonologisch untersucht. Eine ausführliche Programmbeschreibung enthält die Dokumentationsskizze des phonologischen Transkriptions- und Analysenprogrammsystems "AHD/TRANSK" von H.S. Tropf.

Speicherung: Die ausführbaren Loadmodule befinden sich auf dem Band P01684 Label=17 mit DSN = MAIN.LOAD und müssen zunächst auf eine Magnetplatte übertragen werden. Die JCL für den Aufruf der vier Hauptprogramme ist auf Label=18 unter dem Namen DSN = AHD.CNTL abgelegt. Beispielregelsätze, wie sie für das Programm TRANSK verwendet werden sind auf Label=9 unter dem Namen DSN = U.U19.RULE.DATA abgelegt. Diese drei aufgeführten Dateien können durch den Aufruf DSBD von Band geholt werden. Die oben genannten Angaben werden nacheinander abgefragt. JCL und Regelsätze sind entsprechend den eigenen Anforderungen zu modifizieren.

2.2.2 ANALYSE (Demonstrationsprogramm)

Version vom 10.Juli 1980

Beschreibung: Das Programm dient zur Syntaxanalyse mit möglicher Lexikonerweiterung und Regeländerung im Dialog. Das System arbeitet mit Phrasenstrukturgrammatiken.

Aufruf: SYNTAXC <textnr>
textnr. kann 1,2,3 oder 9 sein -> siehe 'UPK000.UPK.TEXT.DATA'. Nach dem ersten Aufruf genügt der Aufruf "SYNTXGO", der die von "SYNTAXC" übersetzte ladefertige Programmversion benutzt.

Speicherung: UPK000.UPK.SIMPROG.CNTL(ANALYSE) <Programm>
UPK011.U.LIB.CLIST(SYNTAXC) <Prozedur>

Literatur: Arbeitspapier 8: M. Gehrke, K. Hess, F. Schmitz, "Analyse" - Ein Programm zur syntaktischen Analyse deutscher Sätze Bonn 1976 (als Typoskript veröffentlicht am IKP)

2.2.3 ANDRUCK (Service-Programm)

Version vom 10.Juli 1980

Beschreibung: Mit der Prozedur ANDRUCK wird ein Job initiiert, mit dem verschiedene Files eines Standardlabelbandes angedruckt werden.
Für NL-Bänder existiert die Prozedur "DRUCKNL". Der Job kann unter jeder UPKO-Projektnummer gerechnet werden. Die Anzahl der auf einmal anzudruckenden Labels ist auf acht (8) beschränkt, um so eine günstige Priorität zu erhalten. Pro Label werden 500 Zeilen angedruckt. Die Prozedur fragt nach der Bandnummer, der Labelnr., dem Dsname und der log. Recordlänge. Zusätzlich kann beim Aufruf noch angegeben werden, welcher Bänder-Gruppe das Band zuzuordnen ist, z.B. "KANT" oder "MHD". Diese Angabe wird beim Aufruf über den Parameter "GRP" angegeben, also etwa: "ANDRUCK GRP(MHD)". Default ist "KANT".

Aufruf: ANDRUCK <GRP(...)>

Speicherung: UPK011.U.LIB.CLIST (ANDRUCK) <Prozedur>
UPK000.UPK.K.CNTL(BDRUCK) <Programm>

2.2.4 ANFANG (Service-Programm)

Version vom 10.Juli 1980

Beschreibung: Die Prozedur ANFANG erlaubt es, vorhandene Command-Prozeduren direkt, d.h. wie Systembefehle aufzurufen. Mit welchem Prozedurnamen dies geschieht ist ggf. unter 'Aufruf:' der Programmbeschreibung angegeben. Die Prozedur ANFANG ist jeweils zu Beginn der TSO-Session aufzurufen.

Aufruf: EX 'UPK011.U.LIB.CLIST(ANFANG)'

Speicherung: UPK011.U.LIB.CLIST(ANFANG)

2.2.5 ASCII (Allgemeine Textverarbeitung)

Version vom 10.Juli 1980

Beschreibung: ASCII ist ein Konvertierungsprogramm, welches ASCII-Code in EBCDIC-Code umsetzt. Eine solche Konvertierung ist erforderlich für Magnetbänder, die auf Anlagen beschrieben wurden, welche die ASCII-Kodierung benutzen (z.B. der OCR-Leser des RZ Ulm).

Speicherung: UPK011.U.LIB.PLI(CONV) <Programm>
UPK011.U.TEST.CNTL(ASCII) <JCL>
J.B.

2.2.6 BONNLEX (Spezielles Textverarbeitungsprogramm)

Version vom 10.Juli 1980

Beschreibung: Das Programmsystem BONNLEX ermöglicht den Vergleich der Wortformen eines Textes mit einem vorhandenen Lexikon. Das Programmsystem besteht aus den folgenden Teilen:

- Textzergliederung und Erstellung eines Kwic-Index
- Lexikonvergleich
- Bearbeitung der unbekannten Wortformen und Homographen

Die beiden ersten Teile werden off-line durchgeführt. Die Bearbeitung der Ergebnislisten erfolgt anschließend interaktiv. Das Programmsystem BONNLEX wird interaktiv gestartet mit der Prozedur LXCNTRL. Die interaktive Bearbeitung wird durch die Prozedur LEXIKON gesteuert.

Aufruf: LXCNTRL

Die Programme zur Textzergliederung, Indexerstellung (KWICV) und zum ersten Lexikonvergleich werden aufgebaut und für die off-line Bearbeitung bereitgestellt. Die folgenden Angaben müssen vom Benutzer bei der Ausführung der Prozedur gemacht werden:

1. Dateiname der Textdatei.

2. Dateiname des Lexikons, wobei von einer Satzlänge von 80 Zeichen ausgegangen wird. Die Länge der Wortform und des Informationsteils beträgt jeweils 40 Zeichen. Die Formatierung und Länge des Lexikoneintrags läßt

sich über Parameter verändern.

3. Parameter zum Aufbau der Textdatei.
   a) logische Satzlänge der Textdatei
   b) Anfangsposition des Textes
   c) Anfangsposition der Textkennung
   d) Länge der Textkennung

Der durch LXCNTRL gestartete Programmteil liefert als Ergebnislisten den zergliederten Text, einen KWIC-Index des Textes und das Ergebnis des ersten Lexikonvergleichs. Liegen diese Listen vor, so kann die Prozedur LEXIKON zum interaktiven Lexikonvergleich gestartet werden.
Der interaktive Lexikonvergleich hat folgende Funktionen:

Bei Homographie Auswahl der geeigneten Variante anhand des Kontextes und bei unbekannten Wortformen Ergänzung der fehlenden Lexikoninformationen. Das Lexikon wird jeweils automatisch erweitert, bei vorzeitigem Abbruch werden die noch nicht bearbeiteten Records unverändert abgespeichert.

Aufruf: EXECUTE U.LEXIKON
Der interaktive Lexikonvergleich wird gestartet. Die benötigten Parameter wurden in der Prozedur LXCNTRL für die weitere Bearbeitung in der Datei UPK011.U.STEUER.DATA(LEXPARA) abgelegt.

Es folgt eine Aufstellung der einzelnen Programmodule unter Angabe der Ein- und Ausgabedateien.

a) Textzergliederung und -erstellung eines unsortierten Kwic-Index

Benötigte Dateien:
   TEXT - Eingabetext (Input von Platte)

VERTEXT - Vertikaltext (Output)
KONTEXT - Kwic-Index (Output)

Source: UPKO11.U.LIB.PLI(VERT)
" " (KWICV)

JCL: " U.TEST.CNTL(VERT)
" " (KWICV)

b) Lexikonvergleich im Batch

Markierung von Homographen und nicht vorhandenen Wortformen. Erweiterung der Länge aller Textrecords, sodaß die Lexikoninformationen abgespeichert werden kann. Ausgabe einer Liste der nicht vorhandenen Wortformen.

Benötigte Dateien:
ZERG.TEXT (Input)
LEXIKON (Input)
ERW.ZERG.TEXT (Output)
Liste der unbek. Wortformen (Output)

Das Programm LEX1 wird durch LXCNTRL interaktiv gestartet. Die benötigten Parameter werden abgefragt.

Source: UPKO11.U.LIB.PLI(LEX1)

JCL: " U.TEST.CNTL(LEX1)

c) Interaktiver Lexikonvergleich

Nach Abschluß von (a) und (b) wird die Prozedur LEXIKON aufgerufen. Die benötigten Parameter werden in der Kwic-Index-Datei übergeben, alles andere erträgt das Programm.

Benötigte Dateien:

ZERG.TEXT	(input,sequ.)
KONTEXT	(input,sequ.)
LEXIKON	(isam)
BEARB.TEXT	(output,sequ.)

Speicherung: UPK011.U.LIB.PLI(LEXAUF) (Lexikonaufbau)
" " (VERT) (Vertikaltext)
" " (KWIC) (Kwic-Index)
" " (LEX1) (Batch-Lex-Vergleich)
" " (LEX2) (Interakt-Lex-Vergl.)
UPK011.U.LIB.CLIST(LXCNTRL) (Prozedur 1)
SYSUID.U.LEXIKON.CLIST (Prozedur 2)
J.B. und G.W.

2.2.7 BROWN (Spezielles Textverarbeitungsprogramm)

Version vom 10.Juli 1980

Beschreibung: Die Prozedur "BROWN" ermöglicht analog zur Prozedur "INFOTEXT" das Heraussuchen von 3-Zeilen-Kontexten aus dem Brown-Corpus (Korpus der amerikanischen Gegenwartssprache).

Besonderheiten: Falls die Zeilenzahl nicht zum Ausdruck der Belege ausreicht, kann beim Aufruf durch die Änderung des Parameters "ZEIL" die Zeilenzahl entsprechend heraufgesetzt werden (max. bis 20 , entspr. 20.000 Zeilen). Falls die Zeit nicht ausreichen sollte, kann der Parameter "MIN" heraufgesetzt werden.
Beispielaufruf: BROWN MIN(2) ZEIL(20)
Die fertigen Listen werden im Rechenzentrum ausgedruckt und liegen dort unter der Job-Nr. UPK005BR in der Box 058 des Ausgaberaumes.

Aufruf:

```
BROWN
--> N.B.: Mit dem Aufruf "BROWN COMMENT(YES)"
--> wird ein erklärender Vorspann
--> ausgedruckt.
```

Speicherung:

```
UPK001.U.TOM.CNTL(IBROWN)     <JCL>
UPK001.U.TEST.PLI(INF80)      <Programm>
UPK001.U.LIB.CLIST(BROWN)     <Prozedur>
```

G.W.

2.2.8 CHECK (Service-Programm)

Version vom 10.Juli 1980

Beschreibung: Programm zum Überlesen eines Data-Checks auf einem Magnetband mit QSAM (GET) unter Verwendung des DCB-Parameters 'EROPT=SKIP'. Über File "IN" wird die Banddatei eingelesen, die den Data-Check enthält. Auf File "OUT" werden die unbeschädigten Blöcke kopiert.
Das Programmprotokoll gibt Auskunft über die Anzahl der überlesenen und übertragenen Sätze.

Bem.: Unter Umständen ist die Console darauf hinzuweisen, den Job trotz der zahlreichen Data-Check Meldungen nicht zu canceln.

Speicherung: UPK001.U.TEST.CNTL(CHECK) <JCL & Programm>
J.B.

2.2.9 COBAPH (Allgemeine Textverarbeitung)

Version vom 10.Juli 1980
Copyright: J. Krause, Hitzenberger et al., Regensburg

Beschreibung: COBAPH ist ein Programmsystem zum Erzeugen von Konkordanzen und Indizes. Es wurde an der Universität Regensburg entwickelt. Die implementierte Version ist aktuell als Prozedur nicht verfügbar, kann aber vom Magnetband aus geladen werden. Stattdessen können die Prozeduren "COCOA" und "INDEX" verwendet werden, die ähnliches leisten, jedoch der am RHRZ verfügbaren Rechenanlage besser angepaßt sind.

Aufruf:
Speicherung: auf Magnetband

Literatur: Hitzenberger et al, Das Regensburger Textverarbeitungssystem COBAPH in SDv 1/1977, S.30

2.2.10 COCOA (Allgemeine Textverarbeitung)

Version vom 10.Juli 1980
Copyright: G. Berry-Rogghe und Atlas Lab. Chilton/GB

Beschreibung: COCOA (Concordance and Wordcount Generator on Atlas) ist ein Programmsystem für linguistische und literaturwissenschaftliche Analysen. Zwei Analyseformen sind in COCOA möglich:

a) Zerlegen eines Textes in einzelne Elemente (Worte) und Zählen des Auftretens unterschiedlicher Elemente (Sortierprogramm).

b) Suchen bestimmter Elemente im Text und Ausdruck dieser Elemente im jeweiligen Kontext (KWIC).

Der zu analysierende Eingabetext kann in beliebiger Form kodiert sein, wobei das verwendete Zeicheninventar und seine Sortierfolge vom Benutzer angegeben werden können. Ein einzelnes Graphem kann hierbei auch durch mehrere Zeichen dargestellt werden. Die Bearbeitung des Eingabetextes wird durch entsprechende Anweisungen gesteuert. Eine genaue Beschreibung über den Aufbau der Steueranweisungen enthält das 'COCOA Manual' der Atlas Computer Laboratory.
Zur einfacheren Handhabung des Programmpakets steht eine interaktive Prozedur zur Verfügung mit der die Steuerkarten der wesentlichen Analyseformen aufgebaut werden können. Diese Steuerprozedur wurde am IKP entwickelt.

Zugriff zum Programmpaket COCOA:
Das direkt ausführbare Programm muß zunächst

von einem Magnetband auf eine Magnetplatte geladen werden, sofern es nicht bereits auf Platte vorhanden ist (kann in der Abt. IDV erfragt werden). Dies geschieht durch Aufruf der Prozedur: "DSBD", die folgenden Angaben werden abgefragt:

Bandnr.	:	P00407
Label	:	4
Datasetname (dsn)	:	MAIN.LOAD
Dateiname auf der Platte	:	U.COC.LOAD

Ein COCOA-Lauf wird interaktiv gestartet durch die Prozedur: "COCIAK". Die für die Steueranweisungen notwendigen Anweisungen werden abgefragt. Die erzeugten Steueranweisungen werden unter einem frei anzugebenden Dateinamen angelegt (z.B. SCHULZE.STEUER). Schließlich muß der Dateiname des zu analysierenden Textes angegeben werden.

Bem.: Die erste Textzeile muß <T TEXT> lauten, da COCOA aufgrund dieser Zeile den zu analysierenden Text erkennt.
Das Ergebnis des interaktiven Laufs kann auf Wunsch ausgedruckt werden. Für umfangreiche Texte ist es jedoch unumgänglich einen Batch-Job zu starten. Hierzu sind in der JCL-Datei UPK011.U.TEST.CNTL(COCOA)
die Dateinamen der Text- und Steuerdatei einzutragen. Die Steuerdatei kann vorher wie für einen interaktiven Lauf angelegt werden. Die Interaktion muß in diesem Fall, jedoch abgebrochen werden (DUP-Taste), wenn der Eingabetext verlangt wird.

Liste der COCOA-Prozeduren:

COCIAK 1. Interaktiver COCOA-Lauf

COCGO Zeitsparender Aufruf nach COCIAK
COCOA interaktiver COCOA-Lauf ohne Aufbau der Steuerdatei.

Source: DSN=LIBCOC.DATA (PDS mit allen Unterprogr.)
Bandnr.: P00407
Label : 2

Load-Modul: DSN=MAIN.LOAD (direkt ausführbares Lademodul)
Bandnr.: P00407
Label : 4

JCL für Batch: UPK011.U.TEST.CNTL(COCOA)

Literatur: COCOA Manual der Atlas Computer Laboratory 1973

COCOA Manual und Beispielprogramme mit Steuerkarten liegen in der Abt. LDV vor.
J.B.

2.2.11 COFTA (Allgemeine Textverarbeitung)

Version vom 10.Juli 1980

Copyright: D. Nath, Konrad-Adenauer-Stiftung, St. Augustin

Beschreibung: Es handelt sich um ein Programmsystem zur quantitativen und qualitativen, maschinellen Analyse von Texten. Mit seiner Hilfe können auch Inhaltsanalysen durchgeführt werden. Autor ist D. Nath, K.-Adenauer-Stiftung St. Augustin. Eine ausführliche Beschreibung liegt in der Abt. LDV vor.

Zugriff: Nach Rücksprache mit G. Willee

Literatur: O. Nath, COFTA - Compiler für Textanalysen in SDV 2/1978, S.181

2.2.12 CTLG (Service-Programm)

Version vom 10.Juli 1980

Beschreibung: Die Prozedur CTLG katalcgisiert alle Dateien, die sich auf der Wechselplatte UPK100 befinden.

Aufruf: CTLG

Speicherung: UPK011.U.LIB.CLIST(CTLG)

2.2.13 DRUCKNL (Service-Programm)

Version vom 10.Juli 1980

Beschreibung: Mit der Prozedur DRUCKNL wird ein Job initiiert, mit dem sich verschiedene Files auf einem NL-Band andrucken lassen. Für SL-Bänder existiert die Prozedur "ANDRUCK". Der Job kann unter jeder UPKO-Projektnummer gerechnet werden. Die Anzahl der auf einmal anzudruckenden Labels ist auf acht (8) beschränkt, um so eine günstige Priorität zu erhalten.
Pro Label werden 500 Zeilen angedruckt. Die Prozedur fragt nach der Bandnummer, der Labelnr., der Blocksize und der log. Recordlänge. Als Record-Format wird "FB" angenommen; Andernfalls kann dies nach einer Abfrage geändert werden.

Aufruf: DRUCKNL

Speicherung: UPK011.U.LIB.CLIST(DRUCKNL) <Prozedur>
UPK000.UPK.K.CNTL(CDRUCK) <Programm>

2.2.14 DRUCK7 (Service-Programm)

Version vom 10.Juli 1980

Beschreibung: Mit der Prozedur DRUCK7 wird ein Job initiiert, mit dem verschiedene Files eines 7-Spur-Bandes (> t a p e 7 <) angedruckt werden. Der Job kann unter jeder UPKO-Projektnummer gerechnet werden. Die Anzahl der auf einmal anzudruckenden Labels ist auf acht (8) beschränkt, um so eine günstige Priorität zu erhalten.

Pro Label werden 500 Zeilen angedruckt. Die Prozedur fragt nach der Bandnummer, der Labelnr., der Blocksize und der log. Recordlänge. Als Record-Format wird "FB" angenommen; Andernfalls kann dies nach einer Abfrage geändert werden.

Für die Schreibdichte wird Standardmäßig 800 BPI angenommen (Parameter im DCB: DEN=2). Falls die Schreibdichte 556 BPI beträgt, muß die Prozedur mit dem Parameter "D(1)" gestartet werden.

Aufruf: DRUCK7 <D(1)>

Speicherung: UPKO11.U.LIB.CLIST (DRUCK7) <Prozedur>
UPKOCO.UPK.K.CNTL(DRUCK7) <Programm>

2.2.15 DRUFELD (Service-Programm)

Version vom 10.Juli 1980

Beschreibung: Die Prozedur DRUFELD dient zum formatierten Ausdrucken von sequentiellen Plattendateien. Dabei wird über den Druckfeld-Parameter die Form des Outputs gesteuert.
Die Druckfelder haben folgende Namen,

PRTL80
PRTL84
PRTL90
PRTL105
PRTL120
PRTL126
PRTL130,

wobei die Zahl die Länge der Outputzeilen in Byte angibt. Für Sonderzwecke stehen die Druckfelder

PRTL80I
(Lochkartenausdruck mit eingeschobener Leerzeile)

PRTL80ST
(Andruck einer Datei ab dem 10000. Record)
sowie
PRTL80sk
(Andruck von jedem 100.Record)
zur Verfügung.

Aufruf: DRUFELD

Speicherung: UPK011.U.LIB.CLIST(DRUFELD)

2.2.16 DSBD (Service-Programm)

Version vom 10.Juli 1980

Beschreibung: Mit der Prozedur DSBD wird ein Job initiiert, mit dem ein PDS vom Band auf eine Platte kopiert wird.

Aufruf: DSBD

Speicherung: UPK011.U.LIB.CLIST(DSBD)

2.2.17 DSDB (Service-Programm)

Version vom 10.Juli 1980

Beschreibung: Mit der Prozedur DSDB wird ein Job generiert, mit dem ein PDS von der Platte auf Band kopiert wird.

Aufruf: DSDB

Speicherung: UPKO11.U.LIB.CLIST(DSDB)

2.2.18 ENDE (Service-Programm)

Version vom 10.Juli 1980

Beschreibung: Diese Prozedur dient zum Komprimieren aller Dateien auf den Jobnummern UPK000, UPK001, UPK003, UPK005 und UPK011. Sie sollte jeden Tag vor Abschluß der TSC-Session aufgerufen werden.

Aufruf: ENDE

Speicherung: UPK011.U.LIB.CLIST(ENDE)

2.2.19 HAEUF (Allgemeine Textverarbeitung)

Version vom 10.Juli 1980

Beschreibung: Das HAEUF-Programm liefert zu ausgewählten Wortformen eine Häufigkeitsliste. Die Konventionen entsprechen denen von 'KWIC1'.

Aufruf: HAEUF

Speicherung: UPK001.U.TOM.CNTL(HAEUF)
G.W.

2.2.20 HEINE (Spezielles Textverarbeitungsprogramm)

Version vom 10.Juli 1980

Beschreibung: Mit HEINE ist eine Prozedur aufgerufen, mit der man zu einzelnen Suchbegriffen aus dem Heine-Corpus die Belegstellen sowie einen 3 Zeilen umfassenden Kontext im KWOC-Format erhält. Die Prozedur dient zur Angabe der Suchbegriffe, die fertigen Listen werden im Rechenzentrum ausgedruckt und liegen dort unter der Job-Nr. UPKOOCHE in der Box 008 des Ausgaberaumes. Das Format der Suchbegriffe gleicht dem der KWIC1-Prozedur.

Aufruf: HEINE

--> n.b.: mit dem Aufruf "HEINE COMMENT(YES)"
--> wird ein erklärender Vorspann
--> ausgedruckt.

Speicherung: UPK001.U.TOM.CNTL(INFPRCZ) <JCL>
UPK001.U.TEST.PLI(INF80) <Programm>
UPK001.U.LIB.CLIST(HEINE) <Prozedur>
G.W.

2.2.21 INDEX (Allgemeine Textverarbeitung)

Version vom 10.Juli 1980
Autor: Hans Siebenbach, Bonn

Beschreibung: Die Prozedur INDEX dient dazu, im TSC einen gegebenen Text zu zerlegen , eine Rangliste und ein alphabetisches Register zu erzeugen, sowie schließlich einen Wortstellen-Index zu erstellen.

Die Prozedur benötigt folgende Eingabe-Parameter:

a) TEXT (nicht initialisiert)

b) UID (mit "UPK000.U" initialisiert)

und kann nur von der Job-Nr. UPK000 aus aufgerufen werden. Der zu bearbeitende Text muß folgende Namensstruktur haben: <UID>.<TEXT>.DATA, z.B. 'UPK000.U.T1.DATA', wobei als Parameter "TEXT" lediglich "T1" angegeben wird.

Nach Abschluß des Index-Programms werden das alphabetische Register, die Rangliste sowie der Index auf Band gespeichert, die Bandnr. und das Label werden vom System abgefragt. Als letztes erfolgt ein Ausdruck aller drei Listen.

Aufruf: INDEX <TEXT> <UID(...)>

Wichtig: Ist der Aufruf "INDEX" einmal erfolgt, braucht am gleichen Tag lediglich noch "INDXGO" zum Prozeduraufruf benutzt werden. Dabei werden die ladefertigen Programmversionen benutzt, die durch "INDEX" erzeugt worden sind. <Große Zeitersparnis!!>

Speicherung:	UPK011.U.LIB.CLIST(INDEX)	<Prozedur>
	UPK005.U.SIEB.PLI	<Programm>

Hinweis: Das Textzerlegungsprogramm kann auch separat verwendet werden; siehe Programm "TEXTZERL"

2.2.22 INFOTEXT (Spezielles Textverarbeitungsprogramm)

Version vom 10.Juli 1980

Beschreibung: Mit INFOTEXT ist eine Prozedur aufgerufen, mit der man zu einzelnen Suchbegriffen aus einer anzugebenden Datei die Belegstellen sowie einen 3 Zeilen umfassenden Kontext im KWOC-Format erhält. Die Prozedur dient zur Angabe der Suchbegriffe, die fertigen Listen werden im Rechenzentrum ausgedruckt und liegen dort unter der Job-Nr. UPK0001T in der Box 008 des Ausgaberaumes. Das Format der Suchbegriffe gleicht dem der KWIC-Prozedur.

Aufruf: INFOTEXT
--> n.b.: Mit dem Aufruf
--> "INFOTEXT COMMENT(YES)"
--> wird ein erklärender Vorspann
--> ausgedruckt.

Speicherung:
UPK001.U.TOM.CNTL(INFPRCZ) <JCL>
UPK001.U.TEST.PLI(INF80) <Programm>
UPK001.U.LIB.CLIST(INFOTEXT) <Prozedur>
G.W.

2.2.23 ISAMKORR (Spezielles Textverarbeitungsprogramm)

Version vom 10.Juli 1980

Beschreibung: Das Programm ISAMKORR ermöglicht die interaktive Korrektur eines ISAM-Lexikons sowie die Umwandlung der ISAM-Datei in eine sequentielle Version. Die benötigten Parameter werden von der Prozedur abgefragt.

Aufruf: ISAMKORR

Speicherung: UPK011.U.LIB.PLI(ISAMKOR) <Source>
UPK011.U.LIB.CLIST(ISAMKORR) <Prozedur>

2.2.24 KANT (Spezielles Textverarbeitungsprogramm)

Version vom 10.Juli 1980

Beschreibung: Mit KANT ist eine Prozedur aufgerufen, mit der man zu einzelnen Suchbegriffen aus dem Kant-Corpus (Texte 1-9, 14-18, 20-23) die Belegstellen sowie einen 3 Zeilen umfassenden Kontext im KWOC-Format erhält. Die Prozedur dient zur Angabe der Suchbegriffe, die fertigen Listen werden im Rechenzentrum ausgedruckt und liegen dort unter der Job-Nr. UPK000KT in der Box 008 des Ausgaberaumes. Das Format der Suchbegriffe gleicht dem der KWIC-Prozedur.

Aufruf: KANT
--> n.b.: Mit dem Aufruf "KANT COMMENT(YES)"
--> wird ein erklärender Vorspann
--> ausgedruckt.

Speicherung:
UPK001.U.TOM.CNTL(INFPRCZ) <JCL>
UPK001.U.TEST.PLI(INFO) <Programm>
UPK001.U.LIB.CLIST(KANT) <Prozedur>
G.W.

2.2.25 KOELN (Allgemeine Textverarbeitung)

Version vom 10.Juli 1980

Beschreibung: Das Programm KOELN ist ein Batch-Programm, das alphabetisch sortierte Wortformen mit einem Lexikon vergleicht. Das Lexikon kann Mehrfacheinträge enthalten (z.B. bei Homographen).

Werden Textwortformen im Lexikon nicht gefunden, werden diese automatisch eingefügt und gesondert als Liste ausgegeben.

Benötigte Files:

Textwortformen-Eingabe:	file IN
Textwortformen-Ausgabe:	file OUT
Lexikon-Eingabe:	file LX
Ausgabe des erweiterten Lexikons:	file LOUT

Zur Zeit ist die Ein- und Ausgabe auf Records der Länge 80 Bytes beschränkt.

Aufbau der Records:

sp. 11 - 40:	Wortform bzw. Schlüsselwort
sp. 42 - 76:	Informationsteil
sp. 80:	Markierung für Mehrfacheinträge im Lexikon

Ziel ist es, die Records variabel zu gestalten und das Programm interaktiv starten zu können.

Aufruf: KOELN

Speicherung: UPK011.U.LIB.CLIST(KOELN) <Prozedur>
UPK011.U.LIB.PLI(KOELN) <Source>
G.W.

2.2.26 KWIC1 (Allgemeine Textverarbeitung)

Version vom 10.Juli 1980

Beschreibung : Das Kwic-Programm liefert entweder zu allen oder zu ausgewählten Wortformen eines Textes einen Kwic-Index. Der Kontext beträgt incl. des Schlüsselwortes 130 Byte (Zeichen). Der Text muß im 80-er Format gespeichert sein.
Das Programm benötigt für einen vollständigen Kwic-Index sehr viel Speicherplatz für den Zwischenspeicher sowie für den Sortierschritt.
Sollen nur ausgewählte Wortformen mit ihrem Kontext ausgegeben werden, dann müssen die Vergleichsargumente eingegeben werden. Die Vergleichsvariable heißt VERGL, das Format ist das folgende:

a) VERGL=' TEXT ';
b) VERGL=' TEXT';
c) VERGL='TEXT ';
d) VERGL='TEXT';

zu a): Nur nach dem Wort 'TEXT' wird gesucht.
zu b): Nach allen Wörtern die auf 'TEXT' enden wird gesucht.
zu c): Nach allen Wörtern die mit 'TEXT' beginnen wird gesucht.
zu d): Nach allen Wörtern die 'TEXT' enthalten wird gesucht.
Dadurch ist KWIC1 auch für gezielte Morphem-Untersuchungen einsetzbar.
Vor der Angabe der Vergleichsvariabeln muß angegeben werden, an welcher Stelle die Zeilenkennung steht.

Aufruf:	KWIC1 (nur von UPK000 aus)	
Speicherung:	UPK001.U.TEST.CNTL(KWIC1)	<JCL>
	UPK011.U.LIB.CLIST(KWIC1)	<Prozedur>
	G.W.	

2.2.27 LEMMA (Spezielles Textverarbeitungsprogramm)

Version vom 10.Juli 1980

Beschreibung: LEMMA ist ein Programm zur automatischen Generation von Grundformen und Wortklassenangaben zu eingegebenen Wortformen, d.h. also zur automatischen Lemmatisierung.
Diese geschieht in drei Schritten:

a) Lexikonvergleich:
Das Lexikon enthält alle Elemente der geschlossenen Wortklassen, soweit sie nach Luscher "Grammatik zu Deutsch 2000" und nach Ortmann "Die 7995 häufigsten Wortformen aus der Kading-Zählung" angegeben werden, sowie eine Reihe unregelmäßiger Adjektiv-, Substantiv- und Verbformen und zur Ergänzung noch einige Zahlwörter. Für diesen Vergleich wird der zu bearbeitende Text vor dem Aufruf von LEMMA alfabetisch sortiert. Nicht im Lexikon gefundene Wortformen werden rechtsbündig umgesetzt, alle übrigen Wortformen werden als bearbeitet markiert.

b) Morphologische Analyse:
Anhand möglicher Änderungen wird zunächst die Wortart bestimmt, danach entsprechend der bestimmten Wortart die Grundform erzeugt. Dazu wird ein Verbstammlexikon herangezogen, das - bis auf selten gebrauchte Konjunktiv-formen - die verschiedenen Stämme der unregelmäßigen Verben des Deutschen enthält, dies aber wiederum nur soweit, wie bei Luscher und Ortmann angegeben. Bei mehreren Möglichkeiten, eine Wortform zuzuweisen oder eine Grundform zu erzeugen, wird vom Programm

immer nur eine Möglichkeit gewählt, d.h. hier ergeben sich mögliche Unschärfen. Die Effizienz dieses Analyseteils ist höher, wenn die zu bearbeitenden Texte Angaben zur Großschreibung oder zu einigen Wortarten enthalten. Alle erfolgreich bearbeiteten Wortformen werden als solche markiert, die übrigen wieder in ihre ursprüngliche linksbündige Position gebracht.

c) Umgebungsanalyse:

Nach Rücksortierung des Textes in seine ursprüngliche Reihenfolge wird er satzweise eingelesen und auf nicht bearbeitete Wortformen hin untersucht. Finden sich solche, dann wird zunächst versucht, anhand der Wortklassenangaben der umgebenden Wortformen die Wortklasse zu bestimmen. An dieser Stelle kann es sich nur noch um Substantive oder Adjektive handeln, da die geschlossenen Wortklassen bereits im Lexikon und die Verbformen schon in den morphologischen Analysen vollständig erfaßt worden sind. Läßt sich aus der Umgebung nichts entnehmen, so wird angenommen, daß es sich bei den noch nicht bestimmten Wortformen um ein Substantiv handelt.

Die Wortartenbestimmung basiert weitgehend auf der Ortmann Liste. Alle Unterprogramme sind in die Hauptprogramme und z.T. auch ineinander eingebettet, sodaß Variablendeklarationen weitest mögliche Geltung haben.

Die Aus- und Eingabe erfolgt in Records zu 80 Bytes.

Benötigte Files:

file(in)	:	Sortierter Text, Eingabe für 'LEX'

file(lexi)	:	Lexikon für 'LEX'
file(srtin)	:	Zwischenspeicher - Ausgabe für 'LEX' Eingabe für 'RESTWORT'
file(verb)	:	Verbstammlexikon für 'RESTWORT'
file(adj)	:	Adjektivstammliste für 'RESTWORT'
file(sortin)	:	Zwischenspeicher - Ausgabe für 'RESTWORT' Eingabe für 'PLISTRA'
file(sortlib)	:	***
file(sysout)	:	*** benötigte Files für 'PLISRTA'
file(sortwk01)	:	***
file(sortwk02)	:	***
file(sortwk03)	:	***
file(sortout)	:	Zwischenspeicher - Ausgabe für 'PLISTRA' Eingabe für 'UMGEBUNG'
file(c)	:	Ausgabefile für 'UMGEBUNG' und damit für 'LEMMA'

Speicherung: UPK000.U.LEMMA.PLI <Programm>

Zugriff(Batch): Über Modifikation vorhandener JCL-Dateien

a) UPK000.UPK.UEB.CNTL(LIIEM) (für Listen)

b) UPK000.UPK.UEB.CNTL(LIMAS) (für Texte)

G. W.

Literatur: LEMMA - Ein Programmsystem zur automatischen Lemmatisierung deutscher Wortformen in SDv 1,2/1979

2.2.38 LEMMAWB (Spezielles Textverarbeitungsprogramm)

Version vom 10.Juli 1980

Beschreibung: LEMMAWB ist ein Programm zur automatischen Generation von Grundformen und Wortklassenangaben zu eingegebenen sortierten Wortformen, d.h. zur automatischen Lemmatisierung von Listen(z.B. Lexika). Diese geschieht in drei Schritten:

a) Lexikonvergleich

Das Lexikon enthält alle Elemente der geschlossenen Wortklassen, soweit sie nach Luscher "Grammatik zu Deutsch 2000" und nach Ortmann,"Die 7995 häufigsten Wortformen aus der Kading-Zählung", angegeben werden, sowie eine Reihe unregelmäßiger Adjektiv-, Substantiv- und Verbformen und zur Ergänzung noch einige Zahlwörter. Nicht im Lexikon gefundene Wortformen werden rechtsbündig umgesetzt, alle übrigen Wortformen werden als bearbeitet markiert.

b) Morphologische Analyse

Anhand möglicher Änderungen wird zunächst die Wortart Bestimmt, danach entsprechend der bestimmten Wortart die Grundform erzeugt. Dazu wird ein Verbstammlexikon herangezogen, das - bis auf selten gebrauchte Konjunktiv-Formen - die verschiedenen Stämme der unregelmäßigen Verben des Deutschen enthält, dies aber wiederum nur soweit, wie bei Luscher und Ortmann angegeben. Bei mehreren Möglichkeiten eine Wortform zuzuweisen oder eine Grundform zu erzeugen, wird vom Programm immer nur eine Möglichkeit gewählt, d.h. hier ergeben sich mögliche Unschärfen. Die Effizienz dieses Analyseteils ist höher, wenn die zu bearbeitenden Texte Angaben zur Großschreibung oder zu einigen Wortarten enthalten.

Alle erfolgreich bearbeiteten Wortformen werden als solche markiert, die übrigen wieder in ihre ursprüngliche linksbündige Position gebracht, wobei die Wortform in das Grundformen Feld übertragen und als Wortklassenfeld auf "$$" gesetzt wird.

c) 2. Lexikonvergleich

Das 2. Lexikon enthält eine Liste von homographen Wortformen, die mit Hilfe der Ortmann-Liste zusammengestellt wurde. Alle lemmatisierten Wortformen werden damit verglichen. Bei Übereinstimmung wird das 2. Byte der Wortklassenangabe auf "*" gesetzt, also etwa "su" -> "s*". Auf diese Weise bleibt erkennbar, welche Wortklasse in der morphologischen Analyse bestimmt worden ist.

Alle Unterprogramme sind in die Hauptprogramme und z.T. auch ineinander eingebettet, sodaß Variablendeklarationen weitest mögliche Geltung haben.

Die Aus- und Eingabe erfolgt in Records zu 80 Bytes.

Benötigte Files:

file(in)	:	sortierter Text, Eingabe für 'LEX'
file(lexi)	:	Lexikon für 'LEX'
file(srtin)	:	Zwischenspeicher - Ausgabe für 'LEX' und Eingabe für 'RESTWORT'
file(verb)	:	Verbstammlexikon für 'RESTWORT'
file(adj)	:	Adjektivstammliste für 'RESTWORT'

file(sortin): Zwischenspeicher - Ausgabe für 'RESTWORT' und Eingabe für 'NLX'

file(srt) : Ausgabefile für 'NLX' und damit für 'LEMMA'

file(lx) : Homographenlexikon für 'NLX'

Index für Unterprogramme zu LEMMA :

LEX	steht	ab	0176C
RESTWORT	"	"	0280C
NLX	"	"	2552C

Speicherung: UPK000.UPK.LILEMMA.PLI < Auf der UPK100 >

Zugriff(nur batch): Über Modifikation vorhandener JCL auf UKP000.UPK.UEB.CNTL(LILEM) nach setup mit SUB UPK000.UPK.K.CNTL(LILSETUP)

G. W.

Literatur: siehe LEMMA - Beschreibung

2.2.29 LIMAS (Spezielles Textverarbeitungsprogramm)

Version vom 10.Juli 1980

Beschreibung: LIMAS ist eine Prozedur, mit der man zu einzelnen Suchbegriffen aus dem Limas-Corpus (dt. Gegenwartssprache) die Belegstellen, sowie einen 3 Zeilen umfassenden Kontext im KWOC-Format erhält. Die Prozedur dient zur Angabe der Suchbegriffe, die fertigen Listen werden im Rechenzentrum ausgedruckt und liegen dort unter der Job-Nr. UPK000LS in der Box 008 des Ausgaberaumes. Das Format der Suchbegriffe gleicht dem der KWIC-Prozedur.

Aufruf: LIMAS
--> n.b.: Mit dem Aufruf "LIMAS COMMENT(YES)"
--> wird ein erklärender Vorspann
--> ausgedruckt.

Speicherung: UPK001.U.TOM.CNTL(INFPRCZ) <JCL>
UPK001.U.TEST.PLI(INF80) <Programm>
UPK001.U.LIB.CLIST(LIMAS) <Prozedur>
G.W.

2.2.30 MHD (Spezielles Textverarbeitungsprogramm)

Version vom 10.Juli 1980

Beschreibung: MHD ist eine Prozedur, mit der man zu einzelnen Suchbegriffen aus dem MHD-Corpus die Belegstellen, sowie einen 3 Zeilen umfassenden Kontext im Kwoc-Format erhält. Die Prozedur dient zur Angabe der Suchbegriffe, die fertigen Listen werden im Rechenzentrum ausgedruckt und liegen dort unter der Job-Nr. UPK000MD in der Box 008 des Ausgaberaumes. Das Format der Suchbegriffe gleicht dem der Kwic-Prozedur.

Aufruf:

```
MHD
--> n.b.: Mit dem Aufruf "MHD COMMENT(YES)"
--> wird ein erklärender Vorspann
--> ausgedruckt.
```

Speicherung:

```
UPK001.U.TOM.CNTL(INFPRCZ)     <JCL>
UPK001.U.TEST.PLI(INF80)       <Programm>
UPK001.U.LIB.CLIST(MHD)        <Prozedur>
```

G.W.

2.2.31 MICROFI (Allgemeine Textverarbeitung)

Version vom 10.Juli 1980

Beschreibung: Es handelt sich um ein Druckprogramm zur Microfiche Erstellung. Mit diesem Programm wird ein Printfile des Limas-Index angefertigt. Dieser kann dann zur Erstellung von Microfiches benutzt werden. (Progr. calcom der GMD).
Die hier durchgeführte Aufbereitung ist zunächst an das Format des Limas-Index gebunden, kann aber auch für andere Daten angeglichen werden.

Speicherung: UPK001.U.TEST.PLI(LIMPERM) <Programm>
UPK011.U.TEST.CNTL(LIMPERM) <JCL>

Eine Programmversion welche den Printfile direkt ausdruckt liegt vor in:

UPK001.U.TEST.PLI(LIMAS) <Programm>
J.B.

2.2.32 MOVBB (Service-Programm)

Version vom 10.Juli 1980

Beschreibung: Mit der Prozedur MOVBB wird ein Job initiiert, mit dem Files in aufsteigender Reihenfolge von einem Band auf auf ein anderes Band kopiert werden.

Aufruf: MOVBB

Speicherung: UPK011.U.LIB.CLIST(MOVBB)

2.2.33 OCR (Allgemeine Textverarbeitung)

Version vom 10.Juli 1980

Beschreibung: Mit dem Programm OCR werden Texte, die in OCR-Schrift aufgenommen worden sind, nach den Tübinger OCR-Aufnahmekonventionen auf Datenträger korrigiert umgespeichert.

Speicherung: UPK011.U.LIB.PLI(OCR) <Programm>
UPK011.U.TEST.CNTL(OCR) <JCL>
J.B.

2.2.34 PDSPRT (Service-Programm)

Version vom 10.Juli 1980

Beschreibung: Mit der Prozedur PDSPRT wird ein Job initiiert, mit dem die Members eines PDS in alphabetischer Reihenfolge ausgedruckt werden. Das PDS muß auf Platte vorliegen. Der Job läuft unter der Nummer "UPK000". Die Prozedur fragt nach dem Dateinamen (dsname), nach der benötigten Zeilenzahl und nach der CPU-Zeit.

Aufruf: PDSPRT

Speicherung: UPK011.U.LIB.CLIST(PDSPRT) <Prozedur>
UPK000.UPK.K.CNTL(PDSDR) <Programm>

2.2.35 PHONOL (Spezielles Textverarbeitungsprogramm)

Version vom 10.Juli 1980

Beschreibung: 'PHONOL' führt eine automatische Phonemisierung deutscher Texte durch. Der zu verarbeitende Text wird in Großchreibung mit einer Satzlänge von max. 100 Zeichen (mit oder ohne Nummerierung) erwartet. Wörter die nicht transkribiert werden können, werden in einer Liste von Zweifelsfällen ausgegeben. PHONOL kann interaktiv und als Batch-Job eingesetzt werden.

Liste der interaktiven Phonol-Prozeduren:

PHONIAK	Anlegen eines direkt ausführbaren Loadmoduls und anschließende Ausführung
PHONOBJ	Wie PHONIAK ohne anschließende Ausführung
PHONGO	Ausführung, nachdem das Lademodul erzeugt wurde.

Bem.: Die maximale Zeilenlänge ist für den interaktiven Phonol-Lauf auf 65 Zeichen eingestellt.

Der Aufbau eines Batch-Jobs für automatische Phonemisierung erfolgt durch den Aufruf: PHONOL

Die notwendigen Angaben werden vom Benutzer erfragt.

Speicherung: UPK003.U.LIB.DATA(PHONOL) <Programm>

UPK003.U.P.CNTL(PHONOL) <JCL>

Neben dieser Version liegt eine für die Kernforschungsanlage Jülich angefertigte Version vor, welche im phonemisierten Text alle Worte einer eingelesenen Wortliste mit einem Pausenzeichen versieht ('+'). Z.B. 'jeder' wird phonemisiert als 'je:dər+'

UPK005.U.PHON.DATA <Programm>

UPK011.U.TEST.CNTL(JUEL) <JCL>

Texte, die spezielle Codierungen für 'ae', 'oe' usw. enthalten, können mit einem Vorprogramm für PHONOL umcodiert werden. Die vorliegenden Version des Programms ist für die Umcodierung von Heine-Texten und Limas -Texten eingerichtet.

Speicherung: UPK011.U.LIB.PLI(PHON) <Programm>

UPK011.U.TEST.CNTL(PHON) <JCL>

Unterlagen zu PHONOL befinden sich im Programmordner PHONOL und im Ordner Programmbibliothek der Abt. LDV .

Literatur: D. Effenberger, Bericht zum 4. Internationalen Symposium der ALLC in SDv 1/1977, S. 77
J. Brustkern, H. Thyssen, Computergesteuerte Spracherzeugung in J. Haller (Hrsg.), Maschinelle Sprachverarbeitung, Dudweiler 1980

2.2.36 PLAIN (Demonstrationsprogramm)

Version vom 10.Juli 1980
Copyright: P. Hellwig, Universität Heidelberg

Beschreibung: Es handelt sich um ein Programmsystem zur Sprachbeschreibung und maschinellen Sprachbearbeitung. Es basiert auf dem Konzept der Valenz-Theorie und kann Folgerungen simulieren. Autor ist P. Hellwig, Heidelberg.
Die Beschreibung befindet sich bei G. Willee.

Zugriff: Nach Rücksprache mit G. Willee

Literatur: P. Hellwig, PLAIN - Ein Programmsystem zur Sprachbeschreibung und maschinellen Sprachbearbeitung in SDv 1/1978, S.16

2.2.37 PORTION (Allgemeine Textverarbeitung)

Version vom 10.Juli 1980

Beschreibung: Das Programm wird verwendet, um Teilabschnitte aus umfangreichen Dateien ändern zu können. Dabei wird davon ausgegangen, daß die Datei auf Band steht und es vermieden werden soll, diese insgesamt in den Edit-Modus zu holen.
Zu diesem Zweck wird die Datei gemäß der Angabe zweier Zeilennummern (z1,z2) in drei Teile zerlegt, wobei der mittlere Teil zur Änderung bereitgestellt wird. Nach der Änderung werden die Dateiteile wieder zusammengesetzt und auf Band gebracht.

Aufruf: PORTION
Von der Prozedur PORTION wird der Dateiname der zu bearbeitenden Datei abgefragt.
Bemrkungen:

1) Falls die angegebene Datei noch nicht zerlegt wurde, so wird ein entsprechender Job aufgebaut und submittet. Dann wird der Job aufgebaut, der die geänderte Datei rettet. Die Prozedur bricht damit ab, und muß nach Ablauf des submitteten Jobs erneut mit 'PORTION' aufgerufen werden. Es ist eventuell sinnvoll eine von der Banddatei unabhängige, geeignete Blksize für die Plattendateien anzugeben (muß ein Vielfaches der Recordlänge sein). Außerdem werden bei der Zerlegung der Datei gemäß der angegebenen Zeilennummern nur Vielfache von 10 berücksichtigt.

2) Falls beim Aufruf der Prozedur PORTION die angegebene Datei schon zerlegt ist, wird die Datei im EDIT-Mode zur Bearbeitung zur Verfügung gestellt. Mit dem Schlüsselwort 'ENDE' wird ein Job submittet, der die Datei in ihre alte Umgebung einbettet und auf das angegebene Band rettet. Während der Arbeit an der Datei sollte trotzdem ab und zu ein 'save' auf Platte vorgenommen werden.

Speicherung: UPK001.U.TEST.PLI(PORTION) <Programm>
UPK001.U.IOM.CNTL(PORTION) <JCL>
UPK011.U.LIB.CLIST(PORTION) <Prozedur>
T. H.

2.2.38 PRT (Service-Programm)

Version vom 10.Juli 1980

Beschreibung: Die Prozedur PRT dient zum Ausdrucken von Banddateien. die Outputsteuerung erfolgt wie bei der Prozedur DRUFELD.

Aufruf: PRT

Speicherung: UPK011.U.LIB.CLIST(PRT)

2.2.39 REVERSE (Allgemeine Textverarbeitung)

Version vom 10.Juli 1980

Beschreibung: Mit REVERSE kann eine beliebige Wortliste, die auf Band steht rückwärtig sortiert werden. Die Recordlänge, der die Wortliste enthaltenden Datei kann bis maximal 255 Zeichen betragen.
Der Aufbau eines Batch Jobs zur rückwärtigen Sortierung erfolgt mit Hilfe der Command-Prozedur REVERSE . Das Sortierfeld kann genau definiert werden, ebenso wie rechts- oder linksbündige Abspeicherung der Sortierbegriffe. Die rückwärtige Sortierung erfolgt von einem Band auf ein anderes.
Die REVERSE Prozedur ist auch in die Prozedur INDEX eingegliedert.

Aufruf: REVERSE

Speicherung: UPK011.U.LIB.CLIST(REVERSE) <Prozedur>
UPK011.U.LIB.PLI(REVERSE) <Source>
UPK001.U.TOM.CNTL(REVERSE) <JCL>
T.H.

2.2.40 REVIEW (Datenbanksystem der IKP-Programmbibliothek)

Version vom 24. Mai 1980
Copyright: J. Brustkern, IKP Bonn

Beschreibung: REVIEW (RElational VIEW of data in a database) ist ein relationales Datenbanksystem, das dem Benutzer erlaubt, sein Datenmaterial so in ein Datenbanksystem einzubringen, wie es seiner Sicht und den Bedürfnissen seiner Informations- verarbeitung entspricht. Die Sicht des Benutzers und damit die logische Struktur der Datenbasis ist durch Relationen bestimmt, die vorhandene Beziehungen gleichgearteter Informationsteile zueinander wiedergeben. Diese Struktur wird durch ein Schema beschrieben.

Das Datenbanksystem REVIEW besteht aus zwei Komplexen. Ein Komplex dient dem Aufbau der Datenbank, der andere führt das Retrieval einer Benutzeranfrage durch. Anfragen an das Datenbanksystem werden in der Anfragesprache BETA (Lit.) formuliert.

Das Datenbanksystem REVIEW wird z.Zt am IKP zur Verwaltung einer Programmdatenbank eingesetzt, die eine Kurzbeschreibung aller verfügbaren Programme am IKP mit Angaben ihrer besonderen Charakteristika enthält. Für andere Anwendungen (z.B. im lexikographischen Bereich) steht es auch zur Verfügung.

1. Datenbankaufbau

a) Die erfaßte Programmbibliothek wird in eine Primärdatendatei (sequential) überführt, in der Datensätze gleichen Typs eine festgelegte Datenstruktur erhalten und mit einem eindeutigen Schlüssel versehen werden. Diese Aufbereitung für die Überführung in den Primärdatenbereich der Datenbank wird mit dem Programm PRAUF erreicht.

Speicherung: UPK011.U.LIB.PLI(PRAUF) <Source>
UPK011.U.LIB.CLIST(PRAUFE) <Prozedur>
UPK011.U.TEST.CNTL(DBAUFB) <JCL>

File-Belegung

SYSIN	erfasste Programmbibliothek z.Z. in UPK005.PROGBIB.DATA
PDBE	aufbereitete Programmbibl. z.Z. in UPK011.U.PDBE9.DATA
BUF	Buffer zur Fehlerkorrektur

b) Aus der Primärdatendatei wird der Primärdatenbereich als direct-access Datei (isam) aufgebaut. Aus dem Schema wird gleichzeitig durch das DBS-Programm DBSV der Schemabereich erzeugt. Mit dem Teilsytem SPSBCUP können Daten- und Schemabereich modifiziert und erweitert werden.

Speicherung: UPK011.U.LIB.PLI(DBSV) <Source>
UPK011.U.DBS9.LOAD <Loadmodul>
UPK011.U.TEST.CNTL(DBAUFB) <JCL>

File-Belegung

PREIN	aufbereitete Programmbiblothek (s.o.)	
KAEIN	sequ. Schema	UPK011.U.PDBE9.DATA
NAMKAT	Namenskatalog	UPK01B.UPK.NAMKAT.DATA(DBSPR)
PDBE	Primärdatenbereich	U.P9.ISAM

SDBE	Sekundärdatenbereich	U.R9.ISAM
KATA	Schema	U.S9.ISAM

2. Retrieval Der Aufruf des Datenbank-Supervisors erfolgt mit der CMD-Prozedur 'DBSPR'. Für die Eingabe der Benutzeranfrage stehen 3 Inputzeilen zur Verfügung.

NB: Es ist ein LOGON mit SIZE(512) notwendig.

Speicherung: UPK01B.U.SUP.PLI <Source>
UPK011.U.LIB.CLIST(DBSPR) <Prozedur>
UPK011.U.TEST.CNTL(DBSUP) <JCL I>
UPK011.U.TEST.CNTL(DBSEX) <JCL II>

File-Belegung

SYSIN	Benutzeranfragen	Bildschirm
BUF	Daten-Buffer	U.BUF.DATA
ARF	Area als Key-Buffer	AREA
NAMKAT	Namenskatalog	(s.o.)
PDBE	Primärdatenbereich	U.P9.ISAM
SDBE	Sekundärdatenbereich	U.R9.ISAM
KATA	Schema	U.S9.ISAM

Es folgt eine Beschreibung der Dateien mit ihrer logischen und physikalischen Datenstruktur.

DD-Name	LRECL	BLKSIZE	RECFM	log. Struktur
SYSIN	80	4240	FB	3 Zeilen je Anfrage
BUF	170	6800	FB	DB-Buffer für PDBE
ARF	13026	13030	V	ausgelagerte DB-Keys
NAMKAT	24	240	FB	Relationennamen 1-12 Rollennamen 13-24

KATA	170	1700	FB	ISAM-Datei mit log. Struktur der Records in PDBE (siehe Dok.)
PDBE	170	1700	FB	Datenbank (ISAM)

Bem.: 1. Die Blocksize für BUF und PDBE wird auf 12960 erhöht.

2. Mit 'UPK011.U.TEST.CNTL(DESWOP)' müssen die Loadmodule von Band p01065 und p00849 geholt werden.

J.B.

2.2.41 SILBEN (Spezielles Textverarbeitungsprogramm)

Version vom 10.Juli 1980 Copyright: IBM-Deutschland

Beschreibung: Das Programm 'SILBEN' gibt zu einzelnen Wörtern oder Wörtern eines Textes mögliche Trennungsstellen an. Diese Angaben können interaktiv bei der Aufbereitung von Texten als Trennungsvorschläge am Zeilenende genutzt werden, aber auch im Stapelbetrieb zum Zählen von Silben eines gegebenen Textes.
Für beide Verwendungsarten existiert ein Beispielprogramm.

Aufruf: SILBEN <für die interaktive Version>

Speicherung: UPK011.U.LIB.CLIST(SILBEN) <Prozedur>
UPK011.U.TEST.CNTL(SILBEN) <Source>
UPK000.UPK.K.CNTL(ERTLIS) <JCL>

2.2.41 SILBTRN (Demonstrationsprogramm)

Version vom 10.Juli 1980

Beschreibung: Das Programm 'SILBTRN' zerlegt einzelne Wörter oder Wörter eines Textes in ihre Silben. Dabei wird die Silben- und Wortlänge beachtet und eine Vorsilbenliste berücksichtigt. Die Analyse der Wörter und ihrer Silben geschieht über das Auffinden ihrer Vokale.
Endsilben, Wortarten, nicht mögliche Buchstabenkombinationen oder Ausnahmen bei Fremdwörtern werden nicht berücksichtigt. Ca. 5 Prozent der Trennungen sind falsch; meist bei Fremdwörtern oder zusammengesetzten Wörtern.
Das Programm kann durch eine Command-Prozedur für den Batch- wie für den TSO-Betrieb gestartet werden. Für TSO wird die Benutzung einer TSO-Prozedur empfohlen. Die Prozedur erfragt die maximale Zeilenlänge (standardmäßig 79), sowie den gewünschten Arbeitsmodus (TSO oder BATCH). Im Dialogbetrieb wird das eingegebene Wort sofort zerlegt und jeweils auf eine neue Zeile ausgegeben.

Files:
SYSIN ----> Eingabetext;
SYSOUT ----> dummy bzw. Nullfile (SIMULA RTS-Meldung) ;
FILEOUT----> Ausgabe des Textes;

Aufruf: SILBTRN
Ist der Aufruf einmal gemacht, genügt für Folgeaufrufe SILBGO, dabei wird die übersetzte ladefertige Programmversion benutzt, die von SILBTRN erzeugt worden ist.

Speicherung: UPK011.U.LIB.CLIST(SILBTRN) <Prozedur>
UPK001.U.SILB.CNTL(SILBTRN) <Progr. & JCL>
UPK001.U.SILB.CNTL(SILBDATA) <Textbeispiele>

2.2.43 SLBZLE (Spezielles Textverarbeitungsprogramm)

Version vom 10.Juli 1980

Beschreibung: SLBZLE ist ein Programm zum Zählen von Silben in englischen Wortformen. Es ist allerdings nicht in der Lage, Silbentrennungen durchzuführen. SLBZLE erwartet als Eingabe einzelne Wortformen, ausgegeben wird die Wortform zusammen mit der Anzahl der Silben. Das Programm ist ausführlich kommentiert, sodaß eventuell für spezielle Zwecke notwendige Änderungen vom Benutzer nach Rücksprache leicht durchgeführt werden können.

Speicherung: UPK011.U.LIB.PLI(SLBZLE) <Programm>
UPK011.U.TEST.CNTL(SLBZLE) <JCL>
G.W.

2.2.44 SORT@ (Service-Programm)

Version von 10.Juli 1980

Beschreibung: SORT@ dient zum interaktiven Sortieren von Plattendateien während einer TSO-Session. Die Kontroll-Statements werden über den Schirm eingegeben. Die angegebene Datei wird durch die sortierte Version überschrieben.

Aufruf: SORT@

Speicherung: UPK011.U.LIB.CLIST(SORT@) <Prozedur>

2.2.45 SORTD (Service-Programm)

Version vom 10.Juli 1980

Beschreibung: SORTD dient zum interaktiven Sortieren von Plattendateien während einer TSO-Session. Die Kontroll-Statements werden auf einer Datei erwartet, die über den Parameter "SRTSIN" angegeben werden muß.
Die angegebene Datei wird durch die sortierte Version überschrieben. Allerdings wird die unsortierte Version auf eine Datei mit dem zusätzlichen Qualifier ".OLD." kopiert.

Aufruf: SORTD SRTSIN(<DATEINAME>)

Speicherung: UPK011.U.LIB.CLIST(SORTD) <Prozedur>

2.2.46 SPDRUCK (Service-Programm)

Version vom 10.Juli 1980

Beschreibung: Mit SPDRUCK besteht die Möglichkeit eine Datei, die auf Band steht spaltenweise auszudrucken. Je nach Länge des auszudruckenden Bereichs werden 2, 3, 4 oder 5 Spalten angelegt. Die sich je nach Wahl der Spaltenanzahl ergebenden Maximallängen pro Eintrag sind zu Beginn Command-Prozedur SPDRUCK anzugeben. Der übermittelte Batch-Job ist bezüglich der Zeitangabe auf große Dateien ausgelegt. Eine Änderung kann an der Zwischendatei (sie ist unter der jeweiligen Benutzernummer angelegt) vorgenommen werden.

Aufruf: SPDRUCK

Speicherung:	UPK001.U.TEST.PLI(DRUCK)	<Programm>
	UPK011.U.LIB.CLIST(SPDRUCK)	<Prozedur>
	UPK001.U.TOM.CNTL(DRUCK)	<JCL>
	SYSUID.U.XXXX.CNTL	<Zwischendatei>
	T.H.	

2.2.47 STATIS (Allgemeine Textverarbeitung)

Version vom 10.Juli 1980
Copyright: IdS Mannheim

Beschreibung: Das Programm "STATIS" dient zur statistischen Auswertung von Texten. Es werden die folgenden statistischen Angaben ermittelt:

a) Die absolute Häufigkeit von:
   - -Sätzen
   - -Nebensätzen
   - -Wörtern
   - -allen Zeichen außer Blank
   - -Buchstaben, Sonderzeichen und Ziffern

b) Die absoluten und relativen Häufigkeiten von:
   - -Fremdwörtern
   - -Namen und Eigennamen
   - -einzelnen Buchstaben und Sonderzeichen

c) Folgende statistische Angaben über Wort- und Satzlänge:
   - -arithmetische Mittel
   - -Modus
   - -Varianz
   - -Standardabweichung

d) Eine graphische Darstellung der Häufigkeitsverteilung von Wort- und Satzlängen

Die folgende Textcodierung wird vorausgesetzt:

Satzende:	Ein von Blanks eingeschlossener Punkt;
Nebensätze:	werden erkannt, wenn sie eingeschlossen sind von: ',+_____+,';
Fremdwörter:	werden erkannt, wenn sie mit 'f+_____+f' kodiert sind;
Namen und Nomen:	alle mit Großbuchstaben beginnenden Wörter (angenommene Kodierung: '@b.___').

Aufruf: STATIS (Batch-Version)
STATIAK (interaktive Version)

Speicherung:

UPK003.U.LIB.DATA(STATISJ)	<Programm>
UPK003.U.P.CNTL(STATIS)	<JCL>
UPK011.U.LIB.CLIST(STATIS)	<Prozedur>
UPK011.U.LIB.CLIST(STATIAK)	<Prozedur>

J.B.

2.2.48 TEXTAUF (Allgemeine Textverarbeitung)

Version vom 10.Juli 1980

Beschreibung:

TEXTAUF ist ein Textaufbereitungsprogramm mit dem Texte an andere Kodierungsvorschriften angeglichen werden können. Eine solche Aufbereitung ist notwendig, wenn verschiedene Textanalyseprogramme unterschiedliche Kodierungsvorschriften voraussetzen. Die derzeitige Version führt eine Umsetzung der Umlautkodierung für das Programm PHONOL durch.

Speicherung: UPK011.U.LIB.PLI(PHON) <Programm>
UPK011.U.TEST.CNTL(PHON) <JCL>
J.B.

2.2.49 TEXTZERG (Allgemeine Textverarbeitung)

Version vom 10.Juli 1980

Beschreibung: TEXTZERG stellt ein Textzergliederungsprogramm dar, das Textzeilen in einzelne Wörter zerlegt. Jedes Wort wird dabei in eine eigene Zeile geschrieben. Eventuelle, codierte Angaben, die vor einem Wort oder einer Zeichenkette stehen, werden an anderer Stelle hinter das Wort geschrieben, oder bewirken ein Nichtbeachten der entsprechenden Zeichenkette.

Das Programm gibt direkt die Nummern der bearbeiteten Texte aus, sowie die Anzahl der Karten und Wörter und schreibt den zergliederten Text auf eine Datei.

Eingabe: Eingabefile: DATEN
Länge der eingelesenen Zeilen: 80
Positionen 1 - 70: zu zerlegender Text
Positionen 71 - 73: Textnummer
" 75 - 80: Zeilennummer
Alle Variablen, die über der Variablen 'KARTE' definiert sind, beziehen sich auf die Eingabe.

Ausgabe über File SEGMENT (Länge = 80)

Positionen 01 - 06 : Zeilennummer

" 07 - 10 : Wortnummer

" 11 - 80 : Wort

Position 74 : Codezeichen '+', falls das Wort groß geschrieben wird.

Alle Variablen, die über der Variablen 'V3' definiert sind, beziehen sich auf die Ausgabe.
Über die Anweisung ' GOTO SPR(INDEX(' +*', TEST)+1) ' werden die Programmstellen angesprungen, die entsprechend eventueller Codierungszeichen abgearbeitet werden sollen.
'Blanks' werden überlesen.
Das Codezeichen '+' für Großschreibung wird auf Position 74 gesetzt, das Codezeichen '*' und die ihm folgende Zeichenkette werden gelöscht.
Die Indexoperation berechnet die vom Codezeichen abhängige Sprungmarke.
Ihr erstes Argument stellt eine Liste der Codezeichen dar; Diese ist beliebig veränderbar und in Verbindung mit anderen Programmteilen erweiterbar.
Für Codezeichenketten, deren Länge größer als '1' ist, müssen zusätzliche Anweisungen mit einer entsprechenden Sprungmarke eingefügt werden. Das Programm benötigt zur Verarbeitung von 1000 Wörtern ca. 0,6 sec. zusätzlich einer konstanten Zeit von 2,2 sec. .

Aufruf: TEXTZERG

Speicherung: UPK011.U.LIB.CLIST(TEXTZERG) <Prozedur>
UPK001.U.TEST.PLI(ZERG) <Source>

2.2.50 TEXTZERL (Allgemeine Textverarbeitung)

Version vom 10.Juli 1980 Autor: Hans Siebenbach, Bonn

Beschreibung: Textzerlegungsprogramm vom IdS Bonn
Die Prozedur TEXTZERL dient dazu, im TSO einen Text zu zerlegen. Die Prozedur benötigt folgende Eingabe-Parameter:

a) TEXT (nicht initialisiert)

b) UID (mit "UPK000.U" initialisiert)

und kann nur von der Job-Nr. UPK000 aus aufgerufen werden. Der zu bearbeitende Text muß folgende Namensstruktur haben:
<UID>.<TEXT>.DATA, z.B. 'UPK000.U.T1.DATA', wobei als Parameter "TEXT" lediglich "T1" angegeben wird.

Aufruf: TEXTZERL <TEXT> <UID(...)>
Wichtig: Ist der Aufruf "TEXTZERL" einmal erfolgt, braucht am gleichen Tag lediglich noch "TXZLGO" zum Prozeduraufruf benutzt werden. Dabei werden die ladefertigen Programmversionen benutzt, die durch "TEZTZERL" erzeugt worden sind. <große Zeitersparnis!!>

Speicherung: UPK011.U.LIB.CLIST(TEXTZERL) <Prozedur>
UPK005.U.SIEB.PLI(ZERLEG) <Programm>

Hinweis: Dieses Textzerlegungsprogramm erzeugt variable Ausgaberecords. Für FB-Dateien
---> siehe Programm "TEXTZERG"

2.2.51 TGT (Demonstrationsprogramm)

Version vom 10.Juli 1980
Autor: I.Batori, IBM Stuttgart

Beschreibung: Es handelt sich um ein Transformations-Grammatiktest-Programm. Es basiert auf dem Friedman-Compiler und wurde von I. Batori, IBM Heidelberg, geschrieben.
Die Beschreibung befindet sich bei G. Willee.

Zugriff: sub 'UPK011.U.TEST.CNTL(COPG3)'
sub 'UPK011.U.TEST.CNTL(COPC3)'
sub 'UPK011.U.TEST.CNTL(COPS3)'

Literatur: I. Batori, Working with the Interactive Version of the Transformational Grammar Tester of J. Friedman, Stuttgart (IBM) 1973

2.2.52 TOPAS (Allgemeine Textverarbeitung)

Version 02 vom 10.Juli 1980
Autor: Klaus Wothke, Bonn

Beschreibung: TOPAS (a TOol for PhonemiC AnalysiS) dient zur maschinellen Durchführung von Teilschritten strukturalistischer Phonemanalysen.

Aufrufe im TSO:

1. TOPASGET
Diese Prozedur kann nur von der Jobnr. UPK011 aus gestartet werden. Mit TOPASGET wird ein Batch-Job submittet, der das Quellprogramm sowie die Prozeduren TOPASSET und TOPASRUN (s. u.) vom Magnetband auf die Wochenplatte kopiert. TOPASGET sollte nur einmal pro Woche (d. h. im Zeitraum von Dienstagmorgen bis Montagabend) aufgerufen werden.

Die beiden folgenden TSO-Aufrufe sind erst verfügbar, nachdem der von TOPASGET submittete Job gelaufen ist.

2. ex 'UPK011.U.TOPASSET.CLIST'
Mit TOPASSET wird das ladefertige Modul von TOPAS im Dialog erstellt. Die Prozedur kann von allen Job-Nummern aus gestartet werden.

3. ex 'UPK011.U.TOPASRUN.CLIST'
Dieser Aufruf dient zum interaktiven Aufbau von Batch-Jobs zu TOPAS. Er ist erst nach Aufruf von TOPASSET verfügbar. TOPASRUN kann

von allen Job-Nummern aus gestartet werden.

Speicherung: Quellprogramm
Permanent: Auf dem Standardlabelband P01595 unter der Label-Nr. 2 mit dem Namen TOPAS. Nach dem Aufruf von TOPASGET: In der Datei 'UPK011.U.TOPAS.FORT' auf der Wochenplatte.

TOPASGET: 'UPK011.U.LIB.CLIST(TOPASGET)'

TOPASSET
Permanent: Auf dem Standardlabelband P01595 unter der Label-Nr. 3 mit dem Namen TOPASSET. Nach dem Aufruf von TOPASGET: In der Datei 'UPK011.U.TOPASSET.CLIST' auf der Wochenplatte.

TOPASRUN
Permanent: Auf dem Standardlabelband P01595 unter der Label-Nr. 4 mit dem Namen TOPASRUN. Nach dem Aufruf von TOPASGET: In der Datei 'UPK011.U.TOPASRUN.CLIST' auf der Wochenplatte.

Kommentierte JCL
Permanent auf dem Standardlabelband P01595 unter der Label-Nr. 5 mit dem Namen TOPASCLG.

Maschinenlesbare Benutzeranleitung: 'UPK011.U.TOPASINF.DATA'.

Weiterführende Hinweise befinden sich in der Abt. IDV und in der Datei 'UPK011.U.TOPASINF.DATA'.

Literatur: K. Wothke, Computerunterstützte Phonemanalyse in J. Haller (Hrsg.): Maschinelle Sprachverarbeitung, Dudweiler 1980.

2.2.53 VOMBA (Service-Programm)

Version vom 10.Juli 1980

Beschreibung: Mit der Prozedur VOMBA wird ein Job initiiert, mit dem eine sequentielle Datei vcm Band auf die WOP001 kopiert wird.

Aufruf: VOMBA

Speicherung: UPK011.U.LIB.CLIST(VOMBA) <Prozedur>

2.2.54 WEEKEND (Service-Programm)

Version vom 10.Juli 1980

Beschreibung: Die Prozedur WEEKEND initiiert einen Move-Job, mit dem alle Dateien auf Band kopiert werden (wichtig zur Datensicherung). Sie soll einmal prc Woche aufgerufen werden.

Autruf: WEEKEND

Speicherung: UPK011.U.LIB.CLIST(WEEKEND)

2.2.55 ZUMBA (Service-Programm)

Version vom 10.Juli 1980

Beschreibung: Mit der Prozedur ZUMBA wird ein Job initiiert, mit dem eine sequentielle Datei von einer Platte auf ein Band kopiert wird.

Aufruf: ZUMBA

Speicherung: UPK011.U.LIB.CLIST(ZUMBA) <Prozedur>

2.3 Beispielhafte Anwendungen der Programmbiblicthek

2.3.1 Schritte der Textverarbeitung und die zugeordreten Programme

Arbeitsschritt	Datenträger	Batch-Prog.	Interaktive Programme	Programm-Systeme
Textvorlage				
Textaufnahme	 OCR	OCR	VOMEA*) ZUMEA*)	
Korrigieren			DRUFELD*)	
Umkodieren		ASCII PHONOL TEXTAUF		
Segmentieren		SIBZLE TEXTZERG TEXTZERL	PORTION	
Sortieren			REVERSE*) SORTD SORT@	
Zählen		STATIS HAEUF		
Ausgaben: Index, Listen, etc.	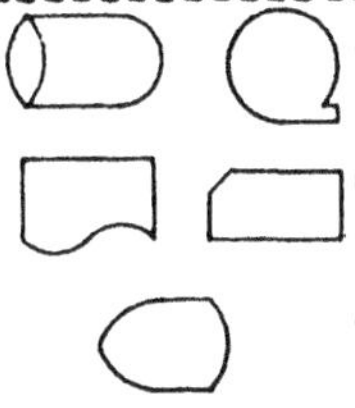	SP-DRUCK	ANDRUCK*) DRUCKNL*) HAEUF*) INFOTEXT*) KANT*) KWIC1*) LIMAS*) MICROFI*) MHD*) PRT*)	COBAPH COCOA COFTA INDEX2 TOPAS

(Fortsetzung der Tabelle)

Arbeitsschritt	Datenträger	Batch-Prog.	Interaktive Programme	Programm-Systeme
Lexikonsuche		KCELN	BONNLEX	
Lemmatisierung		LEMMA LEMMAWE		
Syntax-Analyse (Demo.-Prog.)			ANALYSE	
Grammatik-Tester		TGT		

*) Bei diesen Programmen wird lediglich die JCL interaktiv erzeugt, der eigentliche Programmlauf erfolgt im Batch.

2.3.2 Basisanwendungen

Viele Anwender aus dem Bereich der Philosophischen Fakultät setzen den Computer in erster Linie dazu ein, um das Textmaterial lediglich für die nachfolgende manuelle Bearbeitung ver- und aufzuarbeiten. Als Ergebnis soll eine korrigierte Datenbasis vorliegen, sowie erste allgemeine Informationen über den Text bzw. die Wortformen des Textes. Folgende Arbeitsphasen lassen sich unterscheiden:

	(Phase)	(Programm/ Prozedur)	(durchgeführt von:)
a	Texterfassung mithilfe von OCR-Schreibmaschine		(Anwender)
b	Übertragen der OCR-Bögen und Bereitstellung der Dateien am Rechenzentrum	OCR ASCII	(IKP)
c	Korrektur der Daten	ANFANG VOMEA ZUMBA ANDRUCK DRUFELD PORTION	(Anwender)
d	Index- und Registererstellung	INDEX SPDRUCK KWIC1	(Anwender)
e	Ausgabe auf Microfiche	MICROFI	(Anwender)

2.3.3 Weitergehende Anwendungen

Bei weitergehenden Verarbeitungsschritten sind die Phasen (a) - (c) und u.U. auch Phase (d) der Basisanwendungen immer vorausgesetzt. Die Erstellung einer KWOC - Konkordanz oder eines Vers - Index kann als nächste Phase z.B. mit dem Programmpaket COCOA angeschlossen werden; sie setzt jedoch eine Anpassung der Textkodierung an die COCOA-Normen voraus.

Die Bearbeitung von Texten mithilfe von STATIS, PHONOL oder LEMMA erfordert ebenfalls Adaptierungen bzw. Umkodierungen der Texte, da diese Programme festgelegte Eingabeformate und -namen erwarten. Der Ablauf der Arbeitsphasen sieht demnach so aus:

	(Phase)	(Programm/ Prozedur)	(durchgeführt von:)
a - c	(siehe	Basisanwendungen	)
f	Anpassung der Daten zur Weiterverarbeitung	TEXTAUF TEXTZERL sowie die Programme und Prozeduren aus Phase (c)	(Anwender)
g	Weiterverarbeitung	LEMMA PHONOL STATIS	(Anwender)

In der Phase (g) können auch für den jeweiligen Anwender eigens entworfene Programme zum Einsatz gelangen, die wegen ihrer zu speziellen Problemstellung nicht in die Programmbibliothek aufgenommen werden.

2.3.4 Ablaufschema der möglichen Anwendungen

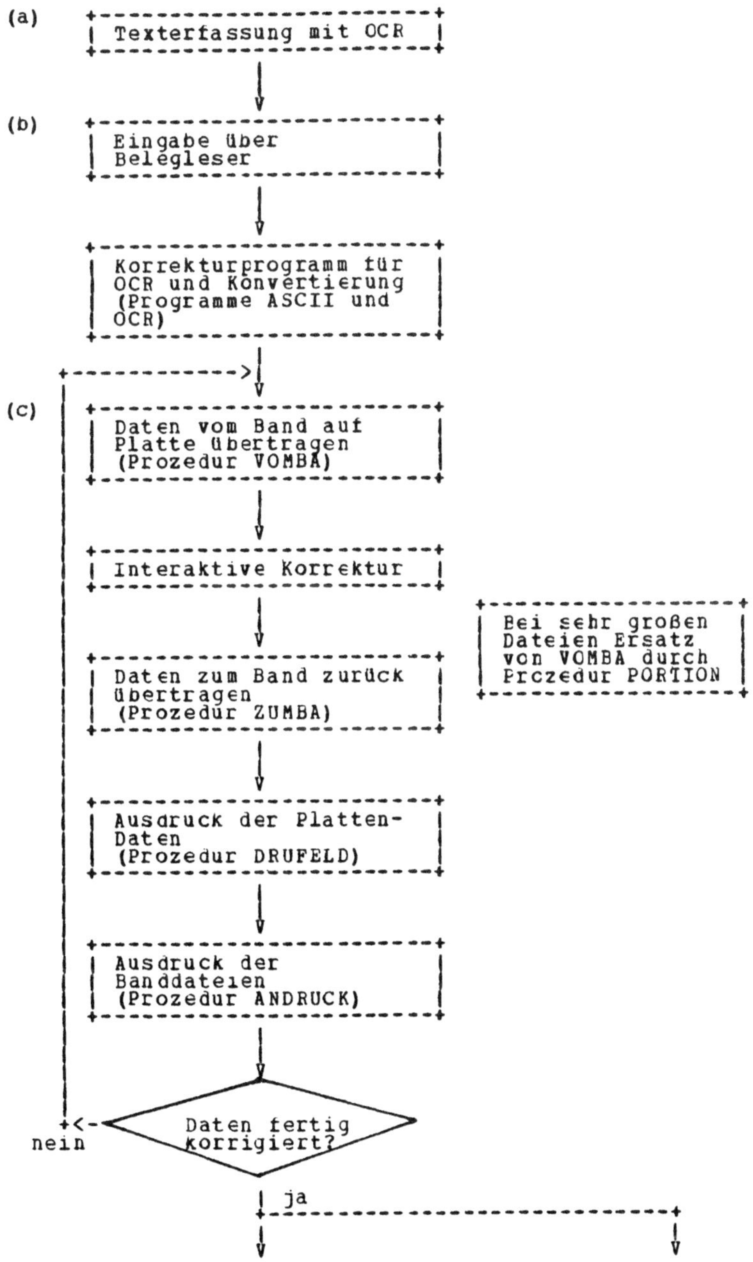

```
                               |                                       |
                               v                                       |
(d)         +-----------------------------+                            |
            | Anwendung der               |                            |
            | Programme INDEX, KWIC1      |                            |
            | SP-DRUCK                    |                            |
            +-----------------------------+                            |
                               |                                       v
                               |                          +------------------------+
                               |                          | Aufbereitung der       |
                               |                          | Daten für              |
                               |                          | Weiterverarbeitung     |
                               |                          | (Programme TEXTAUF     |
                               |                          | TEXTZERL sowie         |
                               |                          | interaktiv)            |
         (optional)            |                          +------------------------+
                               |                                      |
                               |                                      v
(g)                            |                          +------------------------+
                               |                          | Anwendung der          |
                               |                          | Programme COCOA        |
                               |                          | COFTA,LEMMA,PHONOL     |
                               |                          | oder STATIS            |
                               |                          +------------------------+
                               |                                      |
                               |                                      v
                               |<-------------------------------------+
                               |             (optional)
                               v
(e)        +------------------------------+
           | Ausgabe auf Microfiche       |
           | (Programm MICROFI)           |
           +------------------------------+
```

GPSR Compliance

The European Union's (EU) General Product Safety Regulation (GPSR) is a set of rules that requires consumer products to be safe and our obligations to ensure this.

If you have any concerns about our products, you can contact us on ProductSafety@springernature.com

In case Publisher is established outside the EU, the EU authorized representative is:

Springer Nature Customer Service Center GmbH
Europaplatz 3
69115 Heidelberg, Germany

Batch number: 10809636

Printed by Printforce, the Netherlands